周蓓　主編

『民國專題史』叢書

（日）高須虎六　著　楊智　譯

河南人民出版社

各國合作事業史

敘述自啓蒙運動以來，近代各國合作社產生年代的社會狀況，以及合作運動先驅者的思想

圖書在版編目(CIP)數據

各國合作事業史 / (日)高須虎六著；楊智譯. —鄭州：河南人民出版社，2016. 4(2017. 1 重印)
(民國專題史叢書 / 周蓓主編)
ISBN 978-7-215-10026-8

Ⅰ. ①各… Ⅱ. ①高… ②楊… Ⅲ. ①合作經濟-經濟史-世界 Ⅳ. ①F279. 1

中國版本圖書館 CIP 數據核字(2016)第 079681 號

河南人民出版社出版發行
(地址：鄭州市經五路 66 號　郵政編碼：450002　電話：65788063)
新華書店經銷　　河南新華印刷集團有限公司印刷
開本 710 毫米×1000 毫米　1/16　印張 18
字數 260 千字
2016 年 4 月第 1 版　　2017 年 1 月第 3 次印刷

定價：115. 00 圓

出版前言

中國現代學術體系是在晚清西學東漸的大潮中逐步形成的。至民國初建，中央政治權威進一步分散和削弱，加之新文化運動帶給國人思想上的空前解放，新學的啓蒙，新知識分子的産生，民國學術如草長鶯飛，進入一個自由而蓬勃的時代。中國傳統學科乃中國學術之根基與菁華所在，民國學人采用『取今復古，别立新宗』之方法，引入西方的學術觀念，積極改造，使史學、文學等學科向現代學術方向轉型。此外，大力推介西方社會科學的新學科和自然科學，在學習、借鑒乃至移植西方現代學術話語和研究範式的過程中，逐漸建立中國現代學科，使中國的學科門類迅速擴展。一時間，新舊更迭，中西交流，百花齊放，萬壑争流，開創了中國現代學術的源頭。

伴隨知識轉型和研究範式轉换而來的，還有學術著作撰寫方式的創新。中國古代的著作向來以單篇流傳，經後人整理匯編後，方以成册成集的面目出現并持續傳播。直到十九世紀末，東西方的歷史編撰體裁不外乎多卷本的編年體、紀傳體和紀事本末體等，章節體的出現標志着近代西方學術規範的産生和新史學的興起。章節體具有依時間順序，按章節編排；因事立題，分篇綜論；既分門别類，又綜合通貫的特點。以章、節搭建起論述之框架，結構分明，邏輯清晰，較傳統的撰寫體裁容量大、系統性强。它的傳入，使中國現代學術體系從内容到形式被納入了全球化的軌道。民國時期專題史的研究、譯介、編纂、出版恰恰是在這樣的背景下欣欣而發，是學術的實驗場，也是歷史的記録儀。編選『民國專題史』叢書的初衷正是爲了從一個側面展示中國學術從傳統向現代過渡的歷史進程。

專題史是對一個學科歷史的總結，是學科入門的必備和學科研究的基礎，也是對一個時代艱深新鋭問題的解答，是學術研究的高點。民國專題史著作中，既包含通論某一學科全部或一時代（區域、國别）的變化過程的，又囊括對一時代或一問題作特殊研究的，還有少部分是對某一專題的史料進行收集的。原創與翻譯并重，翻譯的底本大多選擇該學科的代表著作或歐美大學普及教本，兼顧權威性和流行性，其中日本學者的論著占據了相當比重。日本與中國同屬東亞儒家文化圈，他們在接納西方學術思想和研究模式時，已作了某種消化與調適，從思維轉換的角度看，更便于中國借鑒和利用，他們的著作因而被時人廣泛引進。

與當代學術研究日趨專業化、專門化、專家化的『窄化』道路迥乎不同的是，中國傳統學術崇尚『學問主通不主專，貴通人不尚專家』的通識型治學門徑，處于過渡轉型期的民國學術在不同程度上保留了這種特徵。民國學術大師諸學科貫通一脉，上千年縱横捭闔之功力自不待冗言，外交家著倫理政治史、文學家著哲學史、化學家著戰争史等亦不乏其人，民國專題史研究呈現出開放、融通、跨界撰述的特點。與此同時必須看到，自晚清以來，中國的命運就在外侮屢犯、内亂頻仍的窘境中跌宕彷徨，民族存亡仿若命懸一綫。這股以創建學科、總結經驗、解決問題爲指歸的專題史出版風潮背後，包裹着民國學人企望以西學爲工具拯民族于衰微的探索精神，及以學術救亡的愛國之心。梁任公曾言：『史學者，學問之最博大而最切要者也，國民之明鏡也，愛國心之源泉也。』這種位卑未敢忘憂國的歷史使命感和國民意識是今人無法漠視和遺忘的。

『民國專題史』叢書收録的範圍包括現代各個學科，不僅限于人文社會科學，學科分類以《民國總書目》的分科爲標準，計有哲學、宗教、社會、政治、法律、軍事、經濟、文化、藝術、教育、語言文字、中國文學、外國文學、中國歷史、西方史、自然科學、醫學、工業、交通共19個學科門類。本叢書分輯整理出版，内不分科，單本發行，方便讀者按需索驥。既可作爲大專院校圖書館、學術研究機構館藏之必備資源，也可滿足個人研讀或興趣之收藏。

與目前市場已有的一些專題史叢書相比，『民國專題史』叢書具有規模大、學科全、選本精、原版影印的特點。本叢書選目首重作者的首創、權威和著作影響力，尤其注重選本的稀見性。所謂稀見，即建國後没有再版，且多數圖書館没有收藏，或即便有收藏，也是歸于非公開的珍本之列予以保存，普通讀者難以借閲。部分圖書雖有電子版，但作爲學術研究的經典原著讀本，紙質版本更利于記憶和研究之用。本叢書精揀版本最早、品相最佳的原版圖書作爲底本，因而還具有很高的版本收藏價值。

『民國專題史』的著作是民國學者對于那個時代諸問題之探究，往往有獨到之處，無論其資料、觀點短長得失如何，要之在中國現代學術史的構建與發展進程中，自有其開宗立論之地位。

目次

各國合作事業史

第一章　總說

序

合作社是資本主義經濟中發生的對立物。資本主義經濟在思想方面是個人主義，是由封建時代之強制的拘束主義解放出來的自由主義，民主主義。故產生及滋長於資本主義經濟中的合作社，也以所謂自由任意的組織，權利的平等的德謨克拉西（Democracy）為其重要要素而標榜。而基於此點，與封建時代的行會及強制的共同耕作制度以相區別。合作社既為資本主義的對立物，故在它自體的活動上，即以抑制個人主義而主張協同主義，排除資本主義經濟最大目標的利潤獲得，而以便益本位為目的。這就是合作社本來的使命。然在合作社內部，則以社員各個人的利益爲基調，——卽個人主義德謨克拉西，這是無可否定的。

資本主義經濟爲本身的發達及追求利潤，致各方面都趨於資本集中過程。卽集中金融資本，集中生產手段，以實現生產物的集中化。故在資本主義制度下的合作制度，並不否認此等資本集中，只是主張利潤的公平均等的獲得，對於金融資本則有信用合作社，於生產手段集中則設立原料購買合作社，及利用合作社，而爲順應生產物之集中化則組織販賣合作社，對於商人的獨占則有消費合作社的發展，然合作本爲人類的素質，故單以合作一語來解釋合作社，則依瑞士穆勒教授所說；西歷紀元前三千年古代巴比倫已發現了土地的共同耕作結社，再則德意志中世紀馬爾克團體的共同耕作也是很明白的。可是以此等與現代所謂合作社來同樣看待是不許可的。因爲此等結社在含有強制的特異的要素之外，主要是純粹的勞動技術協業，而現代的合作社並沒有資本的共同作業的意義。

合作究竟是人類的本質，故縱令生長於資本主義中的合作社具有個人主義德謨克拉西的形式，但在它內部包涵着有機的全般合作素質是不可磨滅的。這種素質將來是可以期待發展的。

總之，合作社是以資本主義社會作了發生的背景。因此，這裏擬先敘述合作社發生時代的社會發展情形，然後再闡述合作運動先驅者的思想。

第一節　啓蒙運動

啓蒙運動　中世紀的封建社會瓦解，而都市勃興，騎士道沒落，商賈階級出現，所謂布爾喬亞發生，因此十八世紀歐洲惹起一種支配的思潮，稱爲啓蒙運動。

所謂啓蒙便是清算的意思（Clearing up）。對於當時已經腐敗的宗教和墮落的政界加以銳利的批判，清算傳統的一切文物，而企圖建設新世界。因此打破了封建制度而發生現代個人主義的思想。重要的表現於下列三點：

（一）打破迷信——由於對宗教的偏見的反抗，發生唯物論的自然主義（自然的存在〔Natural being〕之人生批判）。

（二）自由主義思想的發展——成爲法國大革命的原因，或推動力，產生所謂德謨克拉西。

(三)合理主義——輕視歷史與傳統形式與內容一致。

個人主義思潮　這裏重要的是個人主義思潮的發現。所謂個人主義便是人類存在的根源求之於個人。即個人作爲個人而存在，在不憑依於個人以外之任何物，故生存個人者乃是個人之力。這種說法普遍的抽象化而視爲人類一切活動的根源。因而個人主義伴着所謂自助的觀念，所謂個性的觀念於是普遍的抽象化而爲民主主義。

初期合作社之高唱自助的精神，權利的平等便是產生於這種個人主義民主主義的思潮。然而，在這種思惟之下，則吾人集棲的社會僅爲一種有機械的共同性，而不考慮到各人互相間有機的關係。

合作主義思潮　在這裏，跟着發生了與個人主義對立的全般主義（Universalism）及集團主義（Callectivism）。若以前者是根據自然觀，則此便是基於社會觀。蓋吾人的社會的生活，在於與其他個人的共存上而形成而建設。因此和他人之間在精神上也發生密切的關係，且持續地維持這種關係。在家庭中父子兄弟之間，在鄉里中鄉人朋友之間，共同的或知識或感情或力量發生起來。在這種觀念上，個人存在之外，可認為全般的集和的存在。合作社正是產生於前者的觀念，而包藏着後者的本質。

第二節　資本主義的發展

資本主義的發展　如上所述，在思想上的個人主義的發展，便是在社會方面個人自由由封建制度桎梏之下獲得解放，而此相伴着當時科學的進步，在經濟方面由於自由競爭的產業之急激發展，而形成所謂資本主義的發達。

所謂資本主義即是以資本的積蓄而從事以利潤獲得為直接目的的生產及交換，商品生產成為一般的支配的社會制度。農業本來是立足於實需生產的，但在資本主義社會之下，也被強迫可以從事商品生產。

然在資本主義社會中，資本的力為決定的支配者，故資本薄弱，主要依存自己勞力的產業經營者，即都市中小工商業者以及小農民，必然在這種制度之下成為劣敗者而趨於沒落。

資本主義的促進力 然則，什麼是資本主義發展的促進力呢？

一、交通的發達 自十五世紀以來，新陸地及新航路繼續發現，商業乃隨之日益發達，商業利潤激增，遂能夠積蓄高利貸資本。

二、人口增加與科學進步兩者相輔而行，乃促生產力異常的發展，尤其是因爲機械的發明和應用，使剩餘價值的積蓄龐大而造成累增的資本。

此兩者互相關聯，便形成了資本主義社會。即交通發達以致需要擴大，需要擴大，乃促進生產增加，若生產裕足供給有餘，則產生新需要的要求，兩者交互作用，產業乃突飛猛進。這便是資本主義的先驅，所謂產業革命。

新航路的發現 最初使封建騎士階級滅亡的原因，主要是槍礮的發現。火藥發明雖是較早，但槍礮發達卻是從一七九九年英人哈瓦特發明了起爆劑雷汞以後。其次都市繁榮和商業隆盛，乃由於世界交通的發達。先始於一四八六年葡萄牙人第阿斯（B. Deas）發現了阿非利加洲南端好望角，再則一四九二年哥倫布又發現美洲大陸。繼之，一四九八年葡人達·加馬（V. da

(Gama）繞好望角而開拓到印度的新航路，一四九九年弗羅命斯商人味斯浦奇(A. Vespucci)到達南美洲委內瑞辣（Venezuela），一五〇一年有布拉基爾之拉普拉塔河口探險大航海。於是一五一九年葡人麥哲倫（Magellan）等遂航行世界一週。

產業革命　開闢了世界的交通，商業貿易急激發達，如是，必然地伴着生產大增，產業勃興，幷發明了許多新式的機械。原來小規模的家庭工業生產一變而爲大規模的工廠生產，浸假而形成社會經濟全般的大變革。這便是所謂產業革命。而各國發生的先後，則最早始於英國，約在西歷一七七〇年間，次則遲約三十年發生於法國，更遲三四十年發生於德國。而美洲則北部諸州自一八四〇年即已發生變化，但全般的變革乃在南北戰爭之後。

機械之發明　先就英國觀察，一七六四年哈格利福氏（Hargreaves）發明小型紡紗機，原來之手挽車每次挽紗一枝至此已能同時挽紗八枝。次則一七六七年亞古萊特（Arkwright）乃發明大規模的紡績機械，人力不能推動，須用水力運轉，遂特別創設了大工廠。如是，紡績機械的發明，不久也促迫織物機械的發明。一七八六年卡托萊特（Cartwright）先發明織布機械，一七九二年纔有美國人何兹托尼發明繰棉機械，一八〇一年法人賈克柯（Jacquard）更發明絲織物機械。

此時恰值英人瓦特（James Watt）發見蒸汽力，而以之用於上述諸機械動力遂獲鉅大的發展。其後一八五六年英人柏塞麥（Bessemer）發明熔鑛爐，遂發生製鐵工業。結果在各方面機械的探究及利用致得着着進展，農業上使用工具鐮鍬之類，亦均代以刈草機及耕耘機。

交通的發達　機械的發明不僅在生產方面獲得重大的改革，在交通機關方面也發生同樣的變化。由於機械的發達而新開鑿了運河道路，而尤爲偉大的變化，便是基於瓦特蒸汽力的發見而發明汽船汽車。

一八〇七年美國人福爾敦（Fulton）發明汽船，在哈德森河上試行運駛，一八一九年美國沙瀉拿號汽船開始以二十五日間橫斷大西洋，迨至一八三七年歐美間遂開定期航路。再則一八二五年英人斯蒂芬蓀（Stephenson）發明汽車，先於一八二九年開築曼徹斯特市與利物浦間之鐵道，能以每小時十三英哩之速力行駛。一八三五年，德國紐隆別爾與休爾特之間敷設鐵道，一八三九年又築成萊普齊至德勒斯登間鐵道。於是世界鐵道路線之長度，一八四〇年不過五千英哩，但至一八六二年總長度已達十五萬英哩。再則一八三一年美人模斯（Morse）發明電信機，一八六〇年德人非利浦·萊斯發明電話機原理，卒於一八七五年由英人加拉罕·別爾完成。後於一八九六年意大利人馬可尼更發明無線電信機。

產業革命的結果 然則這般由於機械的發明和交通的大發達的產業革命，在社會經濟上產生了什麼結果呢？

這在一方面是工廠制度和工廠都市的發達，在另一方面則形成農業的粗放化以及農村衰落。其詳細情形容待後述。而這裏最足重視的便是貧富二階級對立的發生。即原來家庭勞動的生產一變而爲工廠勞動的大規模生產，一方面造成生產力偉大的發展，而增大利潤的獲得，其結果擁有資本具經營能力者，因緣時會一躍而成爲集富巨萬的資本家；而另一方面由荒廢的農村向都市蝟集而來的羣衆便形成勞動者的地位，加以一般被壓倒於大資本經營的中小經營者的轉落，而產生了勞動者階級。前者資本家對貴族平民而區別被稱爲第三階級，又稱布爾喬亞階級，而後者則稱爲第四階級或無產階級。此兩階級的發生，由於兩者本身利害關係之各異，而惹起對立鬭爭，釀成諸種不安和弊害。於是，所謂關於社會的批判改革的各種思想應運產生。合作運動也正是在這種社會情勢之下發生它的思想，而至形成運動。

第三節　社會思想的發展

烏托邦思想　人類本來的社會共同觀念曾經希臘時代拍拉圖（Plato）的「共和國」中表現了那種理想但繼承這種理想而發揮的便是十五、六世紀啓蒙運動黎明期間托馬斯·莫爾（Thomas More 1478—1535）的「烏托邦」（Utopia）一書。莫爾是英國倫敦人，壯年爲代議士，後任下議院議長。後來因爲反抗國王亨利八世的專橫而被宣佈死刑。彼慨於當時政治的壓制，乃於一五一六年用法文寫成假設的理想國「烏托邦」一書，描述烏托邦島上理想的諸制度及生活狀態，而將現實的社會狀態肆無忌憚的諷刺抨擊。當時英國農民的生活狀態最爲悲慘，故烏托邦上極重視農業，視爲主要職業。繼莫爾之後有英人培根（F. Bacon）著假設的西方極樂世界「新Atlantis」（一六二七年作）及意大利人康柏內拉（T. Companella）所著的「太陽之都市」（一六四三年作）等先後發表。凡此都不過是想入非非空洞的夢囈，但所說各人皆從事勞動經營生產，生產物平等支配，而為自由的和平的生活之理想，頗予當時人心重大的刺激，而促進社會思想的發展。對於其後被稱為合作思想之父的歐文傅禮葉等之思想上也予以重大的影響，而發展至所謂空想的社會主義。

個人主義思想　然而，如前節所述，現代合作運動乃跟着資本主義的發展而發生，併有協同的內容和個人主義的形式。因而合作運動先以個人主義的發展為重心，然後由於受個性的洗練而達成。

但個人主義思想，便是基於啓蒙運動而發展的。

社會理論　最初社會理論產生有霍布斯洛克的社會契約說，及盧梭的民約論。霍布斯（英人 Thomas Hobbes 1588—1679）由自然法學的唯物論的機械觀出發，認為社會乃是為各人之利益根據契約而成立，唱為社會契約說。洛克（英人 John Locke 1632—1704）根據所創說的經驗主義，而伸言其價值。彼之經驗主義重視勞動，以勞動之占有與相併，便是一切財產的起源，便是權利。此點對於後來斯密士及馬克斯的經濟理論與以甚深的影響。次爲盧梭(法人，Jean Jacques Rousseau 1712—1778)，彼於一七六二年刊布名著「民約論」認社會原來是根據各人相互的契約而成立的，各個人絕對自由平等，但因強者作法律以壓制弱者，遂乃變爲不自由不平等，故應該傾覆這種現象以回復原來自由平等的自然形態。以上這些思想促醒了人人自覺，發展了所謂個人主義的社會思想，終且成爲法蘭西大革命的原因，而革命的結果也更形促進個人主義的發展。

社會學的發生　然而原來生活式樣之根本的變革，形成當時社會思想現出大紛亂的狀態，以原有的自然科學的機械觀來解決它，已是不可能的。此時法人孔德(Auguste Comte 1798—1857)，由他的實證哲學的見地極着眼於有機的來考察人類的社會生活，特別是對於家族生活，將社會現象作綜和的研究，卽是所謂社會學的創設。這裏樹立了與原來之個別的機械觀相對立的綜和的有機觀，而爲社會結合之協同連帶方面考察的嚆矢。可是，綜和觀的產生，不能不算是在法國大革命以後思想動亂中個人主義洗練的結果。孔德的社會學分爲兩方面，研究人類生活之秩序的稱爲靜學，研究人類生活之進步的稱爲動學。其後馬克思和恩格斯在唯物史觀的立場來觀察社會動學的傾向，而發展了他們的社會主義的社會思想。孔德的社會學被稱爲綜和的社會學，但後來辛勉爾（德人 Georg Simmel 1858—1918）反對其說，認爲注重社會的內容不如注重社會的形式，主張社會學即是研究各個人間心的相互關係之形式的科學，而創設所謂形式社會學。繼之，德人廷尼斯（Ferdinand Tennies 1855—）於一八八七年刊布名著「共同社會與利益社會」一書，論列社會的結合有兩種類型，這對於合作社的組織構成上，予以極大的啓示。

共同社會與利益社會　即共同社會是自然的結合之社會形式，家族、氏族、村落即其類型；利益社會則是以利益爲中心標準之人爲的結合之社會形式，都市市民社會即其類型。合作社會究竟歸於那一類型不能一概而論，要之，如近時日本所產生的部落的合作社即農業小合作社則屬於前者類型之新的改變，日本現行的合作制度中如城市合作社則可視爲屬於後者類型罷。總之，個人主義的社會思想不久已展開到全般的協同的社會思想。

經濟學說的發展　其次就經濟學說的發展來觀察，則有法國與盧梭同時代的重農主義在瓊涅（Fransois Queenay 1694—1774）唱所謂自由放任主義（Laissez faire）的思想。一方面基於自然法唱個人權利神聖，一方面根據農業生產之輪迴觀而樹立因果關係的經濟法則。其代表著作爲一七五八年刊行的經濟表（Economical Table）。他的思想給予斯密士（Adam Smith 1723—1790）重大的影響，而至於一七七六年發表他的名著「原富」（Wealth of nations）。據原富所論，勞動生產能力主要由於分業而增高，因此分業卽是財富增大的主要原因，但分業須在大市場存在的場合而能達到高度，故此非使一般的交換手段的貨幣發達不可。卽是說，分業對於商品生產的必要，爲此應使個人的活動自由，擁護各個人的利益，高唱所謂自由主義的理論。這種個人主義的自由主義的經濟思想，恰值英國產業革命黎明期的時會，而予它發展上重大的影響。

功利主義　此外，與斯密士自由主義有密切關係的便是邊沁（Jeremy Bentham 1748—

1832)所倡的功利主義（Utilitarianism）。他認爲社會是個人的總和，沒有所謂全體社會之獨立的存在。因此社會的幸福即是各個人幸福的總和，即是「最大多數的最大幸福。」這種論調被用作當時個人主義思潮的標語，成爲一八三〇年所謂英國產業革命成熟期中英吉利經濟學的支配的思想。然而，「最大多數的最大幸福」一語不久也就成了誘導後來的全般合作主義的指標，即是個人主義的高潮，已經釀成反個人主義的思想了。

第四節　合作社思想的發展

反個人主義思潮　如上所述，由啓蒙運動發端的個人主義，它影響於社會的發生法國大革命，影響於經濟的形成了產業革命。法國大革命的結果，打破封建的身份制度，解放平民階級，而傳播了自由、平等、博愛的思想。產業革命的結果使富的生產增大而增進物質的福利。然而這種進展不已的，基礎於個人主義的資本主義的發展，引起了貧富二階級的對立抗爭，和平等思想也發生了矛盾，卒釀社會上無窮的不安與弊害。於是與個人主義相對立，反個人主義的諸思想應運發生，不久而成為社會政策或形成勞動運動而具體化，合作社也正在這種社會之情勢下產生它思想的萌芽。

那末，合作社可認為是滋長於資本主義發展之下，而具有反個人主義的內容與個人主義的形式之對立的二面的東西。

合作社思想合作社的發展也和一切的社會運動一樣，最初祇是空洞的理想，不久達於理想的實驗，而後表現於實際運動而具體化。

並且最初乃由於一般同情者對社會被壓迫階級困窮者的共鳴而發生出來的思想，乃是一種人道主義的社會改革思想，所以多半含有道德的宗教的色彩。如格蘭費爾教授說，有名的勤勞教育之父柏斯泰洛齊（瑞士人，Johann Heinrich Pestalozzi 1746－1827）的思想中也多抱着合作社的觀念。再則，初期的合作社思想也多基於基督教博愛的觀念，特別在英國發生的消費合作社得力於當時英國基督教社會主義者的極力的主張。

然而，這種合作社思想不久便得達到了具體的實行運動者，這幷不是唯心的發展，而是由於被蹂躪於資本主義社會之苦難下的人們的自覺和自助的精神。正如季特教授（C. Gide）所說：「合作社組織并不是由學者或改革者頭腦裏產生的東西，而是由民衆肺腑裏迸發出來的東西。」因此合作社思想的先覺與實際運動的發展是可以分開的，前者以法國爲最早，後者先發端於英國。

合作社思想的先覺者　要之，這種思想的發展，先以所謂空想社會主義的一種計劃而發現了。思想的先覺者在法國是聖西門，傅禮葉，稍遲則有蒲魯東。在英國則有俾勒斯及歐文。其次爲企圖實現理想而從事實驗者，有法國的畢辭及白朗，英國的金威廉醫師。在德國從事理論研究的先覺者有胡布及拉薩爾等。此外，瑞士的柏斯泰洛齊，丹麥的葛朗德維二大教育家也算是合作思想的先覺份子。

玆爲使於理解諸先覺的思想發展起見，特表列如左：

法國

聖西門（St. Simon 1760—1825）提倡集產主義的理想鄉。

傅禮葉（Fourier 1772—1837）提倡合作的理想鄉「法郎斯臺」。

柏拉圖（希臘）（Plato 429—347 B.C.）提倡貴族主義的「共和國」。

莫爾（英國）（More 1478—1535）提倡民主主義的「烏托邦」。

蒲魯東（Proudhon 1809—1865）提倡無政府主義「交換銀行」。

畢辟（Buchez 1796—1865）生產合作社思想之父，一八三一年在巴黎創設木工合作社。

白朗（Louis Blanc 1811—1882）生產合作社思想之父，提倡「社會工場」。

英國

倷勒斯（John Bellers 1654—1725）Quakers派，提倡理想鄉「產業大學」。

歐文（Robert Owen 1771—1858）合作運動之父，一八二五年創立「新村」（New Hormony Community of Equality）。

金威廉（William King 1786—1865）基督教社會主義思想的先驅，一八七二年創立「共同店。」

德國・瑞士・丹麥

柏斯泰洛齊〔瑞〕(J. H. Pestalozzi 1746—1827) 提倡共同勞動，合作思想先驅的大教育家。

葛朗德維〔丹〕(N. F. S. Grundvig 1783—1872) 國民高等學校的創始者合作思想的先覺。

胡布〔德〕(V. A. Huber 1800—1869) 合作思想研究的先覺。

拉薩爾〔德〕(F. Lassalle 1825—1864) 提倡國家社會主義的生產合作社。

玆就上列各人思想略述如後。

聖西門 聖西門，傅禮葉及英國歐文併稱爲三大空想社會主義者。自由平等和平的共同社會爲人類原來的理想，曾經描述於柏拉圖的「共和國」，嗣又再現於一五一六年英人莫爾所著的「烏托邦」，至十九世紀初葉這種思潮形成所謂空想的社會主義而再發現。但是，社會的情勢是範圍人的思想的。在柏拉圖時代有貧富階級的軋轢，而產生了他的理想世界，不過他的「共和國」是豫定奴隸存在的貴族主義。到了莫爾的「烏托邦」就充滿着民主主義的思想。在這點上，可以看出時代的不同。再到聖西門諸人的思想，則同情於資本主義制度下的貧民階級，而進於社會主義的觀念。再則當時的自由平等主義乃是基於合理主義之哲學觀的理想主義，又因爲對社會進化的認識不足，祇是成了空架的理論。聖西門生於法蘭西的一個貴族家庭，但因遭遇法國大革命的因緣，而成爲社會思想的先覺。他的思想由他的門人繼承而形成所謂聖西門主義。社會學鼻祖孔德也就是他的門下弟子。他主張集權主義，是所謂集產主義的最初提倡者。他幷沒有直接提倡合作社的思想，不過由於他高唱所謂「產業階級」（生產的勞動者）社會地位的提高，而喚起了此等共同思想。

傅禮葉　傅禮葉生於法國一商人家庭，因正遭遇法國大革命，而遂究心於社會問題。一七九八年當他二十七歲時，法國發生饑饉，食料品價騷騰。他當時任職某食糧公司的經理，爲遵主人命令，不顧糧食缺乏，仍然維持高價，但結果竟因此將許多小麥傾棄海中，爲此頗受重大刺激，遂立志改革當時的社會。一八〇八年著「四運動論」提倡建設理想的社會。該社會稱爲「法郎治」(Phalange)，是一種合作社的組織，以農業爲基礎，爲共同生產及消費的自給自足的團體，構成員由八百人至一千六百人，於一定的地域建築一定的建築物「法郎斯台」(Phalanstere)，猶如一個宏大的旅館，而由各方面各階級的人前來集居，而過共同的生活。即是住則住於一屋之內，食則食於共同食堂。這便可以自然的培養互助和友愛的觀念。社會裏保證各人最低的生活，在此基礎上承認私有財產的存在。他以爲這樣便可使得財富不致爲害於社會，幷足以刺激個人的努力，因而可以保持全體與個人利益的調和。「法郎治」裏面構成員爲全部共同的生活，所以即是所謂完全合作(Integral cooperation)，比之今日的消費合作社，在思想上是漸形接近的。「法郎治」中也共同生產，即每一「法郎治」普通附屬四百英畝的土地，主要經營農業，且爲使勞動愉快起見，工作得自由選擇，幷考慮妥當的分配。生產物先用作保證全部構成員最低度的生活，而後將所剩餘的由勞動，出資及經營能力三者按照十二分之三、四五的比率分配。

傅禮葉企圖實現他理想的共同社會，曾於一八三二年在凡爾賽附近地方設立「法郎斯台」，但不久即告失敗，但他的思想已成了消費合作社生產合作社思想的先驅。

蒲魯東　蒲氏生於貧家，曾做印刷工人，而一面努力求學，他是法國勞動運動的先驅者，但提倡無政府主義思想。即否定一切的強制，而以履行契約爲唯一規約的共同生活爲其理想，他名之爲「安那其」(Anarchy)。即他主張勞動的自由。再則他認爲社會的弊害之源在於貨幣與利息，蓋由勞動可獲得財富雖是正義，但因有貨幣與利息的緣故，勞動的所產遂被持有貨幣者所剝奪去了。因此他企圖生產物與消費的直接交換，而倡議成立一所「交換銀行。」生產者將生產物送往銀行而取得證劵，證劵按照生產所需要的勞動量付與相等價額，而可將此證劵換取存在銀行中的同等價額之他種生產物。蒲氏於一八四八年將此案向政府建議，未被通過，遂於翌年用「平民銀行」名義自行設立，但尚未開業即已消滅。他的思想也不過是一種空想的「烏托邦，」但所主張排除中間利潤，實行生產與消費直接交換，這和合作社的思想是一致的。

畢　辭　畢辭是手工業者生產合作社的始祖。合作社的思想到了畢辭遂作爲一種試驗而達於實現。

畢辟初爲聖西門派週報「生產者」的助手編輯，承受了所謂聖西門主義的思想但他是熱情的天主教徒，不久便脫離聖西門派而依據自己的思想努力於社會的改革。他的思想乃基於自然科學的進化觀念和宗教的博愛觀念以肯定革命，而企圖採用不依暴力的和平手段以從事改革，這裏他也培植了合作社思想的基礎。即他爲解放勞動者階級曾創辦生產合作社，而與白朗同被稱爲法國合作思想偉大的先覺。他所提倡的生產合作社乃由勞動者組織，勞動者提供其勞力爲共同的生產，生產物所售得的利益以八成分配給合作社員，以其餘二成積蓄爲共同基金。分配辦法按照各人所提供之勞動日數而支配，所積蓄的基金則用着逐漸充實擴大合作社的設備，以期將來建設解放勞動者的理想社會。這種永久共同基金的觀念，同時見於英國金威廉醫師創始的消費合作社思想中，而德國雷發巽創設的最早的信用合作社也重視爲基本的觀念。不過他們三人都是篤信基督教的信徒，他們的觀念是基於宗教的共同，友愛的觀念罷。

畢辟爲實現他的理想起見，曾於一八三一年在巴黎組織木工生產合作社，但因資金缺乏不久即告解散。嗣於翌年又設立金細工業者合作社，得存續至一八七三年，不過他最重視的共同基金，所謂是神聖的東西爲任何人所有，但不歸屬於任何人者，這種理由不爲一般社員所理解。終於因爲被支配於利己觀念，而將基金各自分配乾淨。這件事情使他痛感失望，後遂脫離實際運動，從事著作終其生涯。

白朗　白朗生於西班牙馬德里郡，父母爲法人。白氏十歲時來巴黎，曾參加一八四八年的二月革命，任共和政府中之要員。他與畢薛同被稱爲生產合作社的創始者，但兩人之間并沒有思想的關係，各人都是根據各人獨自的思考。且雖同抱有生產合作社的思想，但畢薛的是手工業者的合作社，白朗則企圖大規模的共同生產，即所謂「社會工場」（Ateliers Sociaux），由同一職業者的結合而在國家援助之下設立工場，共同從事工作。他於一八四一年以這種思想發表「勞動組織論」（Organisation du Travail）。即是一種生產合作社的思想。此給與一般人極大之影響，德國之拉薩爾也是受了這種思想的一人。但他的「社會工場」只是基於平等思想與民主主義的單純的合作的共同工場，而其特質則是以國家的保護援助爲基礎，故在這點上不如認他是國家社會主義者。他的思想即是說生產手段由於經過合作社而移於民衆，從而在資本主義經梏下的工錢勞動者轉化而爲自由的合作社合作員，但於合作社需要的資金，則取給於國立銀行，而國家的援助成爲必要的事。此外，「社會工場」有工業的和農業的區別，而於農業的特別重視，並經詳細規定，即凡以五十家族組織一個農業的社會工場的合作社，得由國家任命的農業技師前往指導。合作社員是共同起居，共同勞動，共同消費的，猶如今日的柯爾霍芝（Kolkhozi）。

他企圖實現社會工場，乃請求政府許可，遂於一八四八年二月革命後設立「國營工場」（Ateliers Nationaux）收容失業勞動者，但瞬即投集者達十餘萬人，（三月約四萬人四月十六日六萬六千人至五月十四日竟達十二萬人云）而無足以使他們從事的適當職業，每日祇是出到郊外作不重要的工事，因此不久即告封鎖。

傅勒斯 生於英吉利富裕的地主家庭，是基督教桂克派（Quakers）的熱心教徒。一六九六年著有「產業大學設立案」一書，闡述合作社的思想，特別的論述勞動的生產性由於共同事業而可以提高。歐文之理想的新村也由這本書得其思想的端緒。

歐文 氏與聖西門傅禮葉并稱爲空想的社會主義者，他的思想是非科學的，尤其在晚年成爲一個玄想的人。不過他是實行者，比聖西門傅禮葉來得實際。他生於英國北部威爾斯的小都市紐塘市（Newtown），在小學畢了業就到倫敦一間店商裏做學徒。其後又移居於曼徹斯特市（Manchester）。恰觸目當時紡織業的勃興，一七八九年遂與友人共同經營紡織業，營業蒸蒸日上，至一八〇〇年剛只三十歲，已為當時英國第一流的紐拉納克紡織工廠的總經理，因此頓獲鉅富。然當時英國因拿破侖戰爭（一八〇五年特拉伐爾加海戰及滑鐵爐之戰）的影響，商業發生恐慌，失業與貧困者激增，勞動者的生活益形悲慘。歐文對此深起同情，於是即於紐拉納克為勞動者設立住宅、俱樂部、小園地、食堂及貯蓄金庫等，企圖實現最大多數之最大幸福。蓋因當時英國思想界正為邊沁之功利主義所支配，歐文也是受了這種思想的影響。他的社會施設收了極大的成功，當時被喚為紐拉納克之父歐文，他並進而從事勞動時間限於十小時，及十歲以下兒童禁止作工等之工廠法制定運動。不過基於當時社會的一般原因之勞動者貧窮化，以這般局部的設施是不能作徹底救濟的。他實際的感覺到這點，在一八一七年以後他的思想便轉換於社會主義的思想了。他認為人性本來是善的，所以變惡是由於社會的環境，（Social milieu）尤其是經濟環境的影響。故必須改善經濟的環境。這是他的人生觀。但是，究竟是什麼造成的經濟環境呢？他以為便是貨幣制度和利潤的存在。他相信正當的價格卽是生產費，因此謀取中人錢便是罪惡。利潤是物品售賣在生產費以上而產生的東西，爲追求利潤的緣故形成生產過剩，而致惹起恐慌。加以貨幣的存在，而貨幣基於貴金屬的價値，故在交換上更加擾亂物品之眞實價値。故廢止貨幣，生產與消費直接結繫是必要的。這就是他的經濟觀。他這兩種觀念合併爲實現他理想的社會起見，於是建設了有名的「平等新村」(New Harmony Community of Equality)。卽一八二〇年於北美印第安那州購置一所村落名「哈摩尼」(Harmony)，而率領同志多人前往殖民，從事經營平等和平的理想社會。耗金約四十萬圓，(達他所有財產五分之四)但結果竟告失敗，一八二八年卽行解散，次年仍回歸英國。嗣鑒於當時(一八三〇年)已有三百餘所共同購買合作社發生，又以得「平等新村」之實驗的教訓，遂於一八三二年在倫敦開設「國民平衡勞動交換所」(National Equitable Labour Exchange)。此交換所發行勞動券(Labour Note)而交換勞動者自己的生產物。此項交換券一時在倫敦廣爲流佈。蓋如上述，歐文認社會的弊害在於生產消費的不均衡，而這種不均衡的原因，在於以交換之媒介的貨幣作爲價値的標準。故此非廢止貨幣制度而設置新的交換媒介物不可。但財富是勞動的產物，而勞動乃根據它一般的所費去的時間而計算，故此設定表示勞動時間的勞動券作爲新的交換媒介物，如果一切交換都用勞動券，則排除中間商人的利潤，是很合乎正義的觀念的。因此他在勞動券上面印上勤勞與正直（Industry and Integrity）二大標語。關於勞動價値說，李嘉圖已於一八一七年在「經濟原論」裏發表過，這可視爲受了李氏的影響。該交換所僅開設一年就倒閉了，但所說生產者對消費者直接結連，排除中間利潤，卽是合作社思想的表現。

一八三三年勞動交換所失敗後，歐文幷不灰心，繼續著書和到各處演講宣傳他的理想，以八十八年悠長的生涯於一八五八年在紐塘（Newtown）壽終。歐氏著書屢屢用 Cooperation 一字，但幷不是今日用於合作社的意義，不過他根據這個字倡議社會共同組織和共同經濟。歐氏死後不久，從一八四八年羅去戴爾（Rochdale）產生後，許多勞動者消費合作社的先驅者們都是他的信徒。而自一八三七年起到一八四八年間，英國勞動者階級之普選舉權獲得運動，所謂大憲章運動的指導者，幾乎都是受了歐文思想感化的份子。

金威廉　金氏和歐文同被稱爲英國合作社思想之父。金氏初習醫學，取得學位後，即開業於英格蘭南海岸白萊頓市（Brighton）。他是抱有宗教同情心的理想主義者，所以也被稱爲基督教社會主義的先驅。特別是因施診貧民獲得貧民醫師的稱號。他目擊當時商人獲大利而致鉅富，覺得勞動者階級要致富亦非自己得有商店不可。這是他的合作思想的出發點。其後便在白萊頓創立專門學校一所，自任教師。他的門徒輩遂於一八二八年在白萊頓開設世界最早的消費合作社。當時勞動者加入甚夥，不過金氏不能理解一般人現實的利己思想，太過主張理想主義的合作，因此該合作社僅一年工夫即行解散。但他以爲這是由於一般人之思想的無知識，乃於一八二八年五月發行「合作主義者」（The Co-operator）月刊，希圖合作思想得以普及。該刊出版至一八三〇年八月，發生極大影響，此後各地共同購買合作社相繼產生。

柏斯泰洛齊　柏氏是偉大的教育家，聞名的勤勞教育創始者。生於瑞士之秋里芝市，幼時喪父，生長於貧困之環境中。這是成爲使他終身獻身於貧兒教育的原因。一七七四年設農場於諾荷夫地方，建築貧民學校，而招收勞動者之子弟，創始作業教育，以勞動爲教育之中心，由兒童共同勞動經營農業，學校自行維持本身經費。這是他無意識的體驗得合作的組織及合作的力量，在他的教育理論中，多含有合作的思想。此後的合作社指導者大都受了他的思想極大的影響。

葛郎德維　葛氏生於丹麥西蘭島地方的牧師家庭中，故最初即研究神學，不久也做了牧師，但他純眞的心境對於當時已經腐敗的教會頗爲激憤，一八二五年著「教會之答復」一書，作痛強的批判，因而被逐出教門。遂於一八二九年渡英國，研究英國的文化史，滯留凡三年。當時丹麥內憂外患相續，內則國土貴族地主之間互爭權力，外則受各國的干涉，一八六四年被普奧奪去什列斯威州，多感的他，目擊英國產業的勃發及文化的發展，而返顧祖國的慘狀，不禁憂從衷來。旋於一八三一年遄歸祖國，在首都柯本哈徑（Copenhagen）一個小醫院附屬的教堂內當牧師，度他後半世生涯，即在此時致力於丹麥的歷史和詩歌的研究。當時與德國哲學家薛菱（Schelling）交遊，又受哲學家斐希特（Fichte）思想的影響而熱中於社會發展的理念。即現在是過去的成果，將來是現在的發展。因此覺得述說丹麥過去的歷史，即是產生明日丹麥興國的思想。他企圖以這種思想教導明日之國民丹麥青年，乃於一八六〇年創設國民高等學校，因此，他雖然沒有直接傳授合作思想，但國民高等學校已成爲多數合作主義者的搖籃，而一八八〇年以後丹麥勃興的合作社之指導者，都是由國民高等學校出身的人物。

胡布氏生於德國司徒嘉德市（Stuttgart）。父親是著述家，和詩人雪萊友善，母乃著名詩人海涅（Heine）之女，是個閨秀作家。他生長在這種有教養的家庭，得受了充分的教育。他研究文學，一八四二年就任柏林大學教授。他富於保守性，但與勞動者階級爲擘而與保守黨人衝突。一八五一年辭卸教授及普魯士官職，次年移住哈爾茨郡芬涅格羅第地方（Wernegeroede），從事著作生涯達十八年。曾遍歷英法比諸國視察各國國情，特別注意英法兩國的合作運動，擬欲傳入德國。曾發表關於合作運動著作多種，如一八四八年發表「由經濟的聯合之勞動階級自助與內國殖民」一文，一八五二年又發表「關於英倫合作社的勞動者團體」，一八五五年在「比法、英旅行通信」裏介紹各該國合作社情勢豐富的材料，一八六〇年及六一年先後著述「英法德勞動者階級之產業及經濟上的合作」及「和協·和平解決社會問題意見書」等書，嗣又於一八五六年公刊「由於勞動者階級之合作的自助」等。

胡氏對於實際運動幷未干預，但以他豐富的著作發揮合作思想尤其是勞動者階級之合作思想，此給與當時發生期之德國合作運動偉大的影響。如後面所述許爾志合作社，即直接導源於他的思想。

拉薩爾　拉氏是普魯士商人的兒子，性好學，後入柏林大學專攻哲學，爲黑格爾學派之一份子。當時德國資本主義開始勃興，也正是俾斯麥之帝國主義與自由主義思想及馬克思社會主義對立發生的時候。他是民主黨黨員，也是「新萊茵新聞」份子，一八四八年參加萊茵地方革命以後，成爲德國社會運動的先驅，初期德國勞動者階級的指導者，後於一八六四年因決鬬致死，結束他轟轟烈烈的生涯。

拉氏之合作思想見於所著的「公開答辯書」。一八六三年萊普齊（Leipzig）勞動者委員會向他徵求關於勞動者合作運動方針的意見，同時關於發生於當時都市手工業者間的許爾志（Schulze）合作運動對於勞動者究有若何價值向他質問？拉氏遂於同年三月發表有名的「公開答辯書」以作答復，他說，信用合作社及原料購買合作社，不過是延長因大工業而趨於滅亡的手工業之臨死期的痛苦而已，於勞動者階級幷無何等的意義。至於消費合作社，由於「工資鐵律」的支配，勞動者的工資常在他們最低生活費之下，故結局也不會給與勞動者何等的效果。不過生產合作社，即限於勞動者自身為企業家的生產合作社，則有貢獻於勞動者解放。但生產合作社在現制度之下，單靠勞動者自己的力量是不能實現的，故達到它的過渡方法，先可依仗國家的援助，設立勞動生產合作社。然為得國家的援助，則勞動者階級非得支配國家不可。為這種目的已經得到的手段，便是普通選舉權——云云。蓋當時德國還是農業國，人口大部分經營農業，從事工業的大多數是手工業者，屬工廠勞動者不過只佔兩成，所以還不能發生像在英國的消費合作社。他倡議的勞動者生產合作社被經過妥當的考慮，在同年萊普齊的大會裏，以絕對多數通過採用他的意見，作為德國勞動者運動的宣言（Manifesto）。這激起了當時勞動者的自覺，同年五月成立全德意志勞動者合作社，成為後來德國社會民主黨的基礎。

拉氏幷未從事合作社的實際運動，像舉辟及白朗一樣只是思想上的工作。他被稱為德國生產合作之父。

第五節　合作運動的發達

合作運動的發生　上述各國諸先覺的合作思想，在它的實際運動上如何地展開了呢？

上面已經說過諸先覺的思想在初期不過是單純的空洞的理想，但後來不久便達於實驗的實現了。不過此等思想的發展和實際合作運動的發展在兩者間的關係上是可以分開的，上面也曾述及。蓋一切社會運動都是由思想的發展爲先導，即先覺的思想起爲前驅，而大衆的思想隨從進行。但人的思想是社會的反映，是由社會的經濟的諸條件規定的，故因先覺者的倡導而喚起了大衆的醒悟，一方面也就是社會的經濟的諸條件成熟的意義罷。

合作運動的諸形態　合作運動的發生也必須有社會的原因。故它的形態，因國家因社會的情勢而異。如英國則產生勞動者消費合作社，在德國則城市及農村信用合作社發達，而在法國丹麥則農業合作社以及農產物販賣合作社發達。

蓋英國資本主義經濟發達最早，急激地形成了勞動者階級，故一八四四年即創設了最早的羅去戴爾（Rochdale）合作社。雖先驅者諸人多是繼承歐文的思想，可是他們創辦合作社的意向卻是由於勞動者階級的困窮境遇中產生出來的。又在德國因當時俾斯麥的帝國主義之諸政策給與國民重大的壓迫，尤其使手工業者及農民的生活趨於困難，因而許爾志（Schultze）的城市信用合作社及雷發巽（Raiffeisen）的農村信用合作社得以發生。而這是思想先覺者胡布氏偉大的教化，但胡氏本人並未參與實際運動。至於法國，其合作思想尤其是生產合作社思想的發展爲最早，但實現的合作運動的發生稍遲，乃是十九世紀末葉一八八〇年遭遇恐慌以後的事。這是因爲法國政治動亂的延長，資本主義發展較遲的原因。

國際運動　合作社漸漸遍世界的普及發展，雖有提倡它的互相聯絡，但至於具體的協議則以各國種種形態的不同，一律的聯合是不可能的。所以一八九五年在英京倫敦舉行第一次國際合作事業大會，當時成立了「國際合作聯盟」（I・C・A）（The International Co-operative Allaince），但它所做的事業僅止於思想的宣傳教化的範圍，不能從事資金的供給物品的融通等形而下的活動。

合作運動發展之社會的要因　合作運動在初期的時候，即以排除中間利潤爲目標。蓋如上述，新陸地之發現與科學之進步，形成交通機關之發達，而使交換經濟急激發展，和商業加速的勃興。其結果便是商人橫行，暴利榨取，予勞動者生活上極大的威脅。於是在生活日用品方面發生可以排除商業利潤的消費合作社，在金融方面爲免除高利貸利潤而發生信用合作社，關於生產物販賣方面，爲保障生產者的利潤，遂形成販賣合作社。

然而，各種合作運動高唱排擊商業利潤，幷不僅是基於物質的經濟的條件，在它內面以排斥此種不合理爲其思想而作爲它的基礎。思想在一方面是當時勃興的民主主義平等觀，這表現於合作社組織的形式上。而另一方面是基於人類本來的合作觀念的反個人主義的思想，則包藏爲合作社組織的內容，因此形態表現不同的各國各種合作社，在形式與內容上亦都具有一樣的共通點。即如合作社稱爲人的團體而不重資本，爲將來理想社會之形成而設置共同基金，便是共通的內容。又如合作社之表決議案採一人一票主義，或如關於事業利益之分配，採用所謂特別分紅主義，根據利用合作社的比率而分配，這些都是民主主義的表現的形式，此等合作社的特質，爲與其他商業的企業區別起見各國多制定特別法規規定之。至於不訂特別法的美國或其他國家，亦揭舉所謂民主經營（Democratie control）的形式，全體便益（Benefit for all）的內容之二目標，作爲規定合作社特質的條件。

此等合作運動發展的詳細情形，分述於下各章。

第二章　消費合作運動

第一節　產業革命與英國消費合作運動

英國之產業革命　如前章所述，現代資本主義之先驅的產業革命最早發生於英國。即自一七七〇年至一八三〇年經約六十年間完成偉大的變革之第一期，恩格斯鑒於此種產業上變革之重大的意義而名之爲「產業革命」(Industrial Revolution)。其後牛津之熱情的社會學者泰茵比(A. Toynbee)，於一八八四年著「英國十八世紀之產業革命」一書，更充實了這個用語的意義。泰茵比以產業革命之特色是自由競爭之發生，而據亞殊列(Sir W. J. Ashley)說，是在於工廠制度之成立。蓋英國至一七七〇年間還是農業國家，經營自給自足的經濟，故工業也止於手工業及農村副業之家庭工業，當時英國著名產品的毛織物乃由農家紡造。但自與印度及美洲之交通開通後，棉花輸入，新式綿絲綿布成爲全歐需用的重要商品，於是利物浦附近蘭開夏（Lancashire）諸地木棉工業開始勃興。由於大量需要喚起大量生產的要求。前述之哈格利福氏紡績機(Hargreaves' spinning machine, 1764)及亞古萊特紡績機械（Arkwrights' water-frame, 1767—69）先後經特許發明。前者是小型機，但後者是大機械，人力不能推動，須用水車運轉，叫作水車紡機。因此爲安置機械起見，有建造特別建築物之必要。於是大募勞動者實行大量生產。這是工廠制度的創始和重大的變化。原來屬於家庭工業的羊毛及綿絲紡績，先行脫離農家之手而移入工廠。恰值當時瓦特發明蒸汽機，一七六九年獲得特許權。因此用蒸汽機於發動力，沒有水車的地方也產生了工廠。更於一七八六年，因紡績機械發明進步的刺激，卡托萊特的織布機械（Cartwright's weaving machine）也已發明，這也是用蒸汽力大規模的機械，於是原來農家的織布機亦由家庭工業轉變爲工廠的事業。而用作燃料的石炭，英國北部地方藏量豐富，用作原料的棉，則於佔領印度後，益增多量的輸入（一七七四年哈斯丁斯（W. Hastings）任第一任印度總督。）此時紡績業的發達，已不只是蘭開夏，并已擴展至鄰近約克夏（Yorkshire）

及其他各地，英國中部以北完全化爲工業地帶，對於殘留在南部的農業區域而言，這是稱爲「黑色英格蘭」。繼之製鐵及機械工業等也相繼勃興，英國工業遂呈無限的發展。（表一）

表一　英國產業革命時代羊毛棉花之輸入及鑄鐵工業之發達

年	羊毛輸入	棉花輸入	鑄鐵生產	年	羊毛輸入	棉花輸入	鑄鐵生產	年	羊毛輸入	棉花輸入	鑄鐵生產
	萬磅	萬磅	萬頓		萬磅	萬磅	萬頓		萬磅	萬磅	萬頓
一七四〇			二	一七九〇	二六八	三、一四五		一八三〇	三、二三二	二五、九八六	六七
一七四一		一六五		一七九六		二、二三三	一二五	一八三九			一二八
一七六四		三八七		一八〇〇	八六	五、六一〇		一八四〇	四、九四四		
一七六六	一九四			一八〇六		五、八一八	二六	一八四七			二〇〇
一七八〇	三二三			一八一〇	一、〇九一	一三、二四九		一八五〇	七、四三三		
一七八二		三三〇		一八二〇	九七八	一四、四六三		一八五二			二七〇
一七八八		二、〇四七	七	一八二五		三、八〇二		一八五七	九、九三〇		

這般的產業革命在社會上惹起了什麼變化呢？

農村之衰退 就農村而言，在產業革命以前一七七〇年左右英國在農產物上還是大體自給自足的國家（表二），但自產業革命勃發後，積極偏重工業致使農耕地荒蕪化而作爲牧羊場，一般農民爲求工作而脫離農村集中都會。其結果形成都市人口激增，而農村趨於荒落（表三。）這種現象在上面說過的英國北部諸地爲最甚，那裏的耕地幾乎都變了荒廢的草原。於是糧食的供給竟至仰給於外國（表四），只有在南方諸地還從事耕種而原來之穀作農業多已廢止，轉爲乳酪農業和園藝業之商品生產。（表五）

由於上述的結果英國的農村間便也發生了畜產物與園藝品的販賣合作社，及飼料肥料等原料購買合作社，此點容後再加解說，在這時候，就都會方面觀察究是怎麼樣的情形呢？

表二　一六九七年——一八〇一年間英國穀物輸出入額（單位千 Quarter）

年次	一六九七——一七三一		一七三二——一七六六		一七六七——一八〇一	
	輸出	輸入	輸出	輸入	輸出	輸入
大麥及麥芽	七、四六七	三五	一〇、二六〇	四九	二、六一四	一、九五八

小麥及小麥粉	三、五九二	二四	一一、五四〇	二九二	三、〇六四	一〇、五四一
燕麥及燕麥粉	二一七	四三三	三六五	一、〇五〇	七三七	一四、九一八
黑麥及黑麥粉	一、〇九九	一七八	一、四三八	二二	一七三	一、一二三
豆類	一	〇	二五	一〇	六六六	一、一八四
計	二、三七六	七七〇	一三、六二八	一、四二三	七、二五四	二九、七二四

表三　一八〇一年——一九一一年間英國（英格蘭及威爾斯）都市及鄉村人口之增減

年次	總人口	市部人口（人口超五萬以上都市合計）	鄉部人口（人口五萬以下之鎮村合計）
一八〇一年三月一〇日	八、八九三千人	一、九〇五千人（二一・四）%	六、九八八千人（七八・六）%
一八一一年五月二七日	一〇、一六[illegible]	二、二七九（二二・四）	七、八八五（七七・六）
一八二一年五月二八日	一二、〇〇〇	二、八四三（二三・七）	九、一五七（七六・三）
一八三一年五月三〇日	一三、八九七	三、六四五（二六・二）	一〇、二五二（七三・八）

一八四一年六月七日	一五、九一四	四、五〇四（二八・六）	一一、四一〇（七一・四）
一八五一年三月三一日	一七、九二八	五、五八九（三一・三）	一二、三三九（六八・七）
一八六一年四月八日	二〇、〇六六	六、七四四（三三・六）	一三、三二二（六六・四）
一八七一年四月三日	二二、七一二	七、九六九（三五・〇）	一四、七四三（六五・〇）
一八八一年四月四日	二五、九七四	一〇、四一四（四〇・〇）	一五、五六〇（六〇・〇）
一八九一年四月六日	二九、〇〇三	一三、二七九（四五・八）	一五、七二四（五四・二）
一九〇一年四月一日	三二、五二八	一六、六五二（五一・二）	一五、八七六（四八・八）
一九一一年四月三日	三六、〇七〇	一九、九八〇（五五・四）	一六、〇九〇（四四・六）

表四　一八六六年後歐洲大戰前英國食料品輸入狀況

a. 英國食料品輸入額（一八六六——一九一〇年）

年次	I（肉類、卵、牛油等）	II（生牛、羊、豚、）	III（果實蔬菜）	IV（小麥及小麥粉）	V（穀類、砂糖、蛇麻花）	計
一八六六——七〇	千磅 一五、〇四四	千磅 四、五二八	千磅 二、四七〇	千磅 三、六二九	千磅 三二、三九九	千磅 五八、〇七〇

一八七二——七五	二三、三三三	五、六二四	四、三五二	三〇、九五三	四四、三三二	一〇八、五七四
一八八〇	三九、八三六	一〇、二三九	八、一九九	三九、三三八	五三、一三三	一四九、八二七
一八九〇	四八、九七七	一一、三二六	七、五五五	三三、六七八	四三、九四四	一四四、二九〇
一九〇〇	七八、〇〇三	九、六三三	一三、三九九	三三、四四八	四九、九四四	一八三、三三五
一九一〇	九七、〇五二	四、〇三九	一四、〇三九	四九、六七二	五四、四七六	二二九、二六七

b. 歐戰前英國食料品之供給狀態（一九一〇——一四年平均）

品目	小麥	肉類	雞肉	卵	牛油	乾酪	牛乳	果實	蔬菜
英帝國內生產	一九·〇%	五七·九%	八二·七%	六七·六%	二五·一%	一九·五%	九五·四%	三六·三%	九一·八%
由殖民地輸入	三九·三	一〇·七	〇·二	〇·一	一三·三	六五·四	〇·〇	八·三	一·一
由外國輸入	四一·七	三一·四	一七·一	三二·三	六一·六	一五·一	四·六	五五·四	七·一

表廿九　一八六一——一九一一年英格蘭及威爾斯農業者人口（二十歲以上男子）

年次	一八六一	一八七一	一八八一	一八九一	一九〇一	一九一一
農業者	二三六、〇千人	二二四、五千人	二〇三、四千人	二〇〇、五千人	二〇二、〇千人	二〇八、一千人
農業者之家庭	六〇、〇	四七、九	四七、一	四三、四	五五、七	六三、三
管理人	一五、六	一六、三	一九、四	一八、〇	二二、四	二二、〇
農業勞動者	八〇九、四	六五七、八	六〇六、〇	五四五、六	四五八、四	四九八、二
園藝業者	二八、三	四六、七	五八、九	七八、九	一〇五、四	一二一、五
家庭園藝業者	五〇、二	六一、〇	六二、一	六八、八	七五、二	一〇〇、六
獵獸家禽業者	九、四	一一、八	一一、五	一二、七	一五、一	一五、九
及其他合計	一、二〇九、	一、〇七六、	一、〇二一、	九八三、	九五七、	一、〇五六、

貧富二階級的發生　當時具有資產有能力者，經營工廠，集財鉅萬，成爲所謂資本家，但由農村蝟集而來的大批青年，除了做勞動者而外別無他途。蓋工廠制度之成立，其結果便是形成握有工廠機械等生産手段的資本家與除勞動力以外什麼也沒有而被雇傭於前者的勞動者之二階

級的劃然對立。然而前者立於支配地位且亦獲得政權，而後者對之也就發生了自主自立的社會運動。這因爲當時之勞動者生活實在太悲慘了。這種現象是必然的，在初時事業多，工錢也高，故生活也比較裕餘，但不久效率強大的機械發明，失業者就常常產生了。再則紡績機械主要僱用婦女及童工，但當時法律對此尚無若何規定，所以被課以漫無限制的勞役，每日工作時間，由朝五、六時至晚八時半或九時。在一八三九年，根據所調查的三一、六三二人工廠勞動者中有一八、四一六八人（五八%）是十八歲以下的未成年者。當時由於競爭關係而工資下降，生活極其困難。一八一六年後，拿破崙戰後之恐慌襲來，更是加了壓迫。例如代表的工廠村斯列色也特，在一八三三年調查該村三六三家族一、八九六人之總所得額，一星期僅二〇二磅一八先令九辨士，平均每人不過二先令二辨士。尤有進者，一八三一、二年虎列拉症流行，在俾爾士頓街的記錄中一四、四九二人之住民內，數星期間患病達三、五六八人，而其中死亡七四二人。

勞動運動　對於這般悲慘的生活，他們如何的鬭爭呢？雖然政府一八三四年從新頒布救貧法（Poor Law）（舊救貧法頒布於一六〇一年伊莉莎柏女王時代）講求救濟，可是消極的設施到底不能打開更生之路。爲求生路，非他們自身奮起不可。這種社會的要因現今還是存在的。

因此，他們奮鬬的途徑分爲兩方面：一是勞動者工會運動，一是合作運動。

大概前者僅是爲增加收入的——工銀獲得的——運動，後者是爲節約家計的——工銀消費的——運動。即前者是勞動工會（Trade Union）運動，後者是消費合作運動。如是，兩者淵源於同一思想而互相關聯併行。先事，於產業革命勃發後二十五年間，消費合作的合作社已經出現，但於一八三四年根據歐文之社會主義觀而組織的「全國合同勞動工會（Grand National Consolidated Union）因爲採用全國總罷業企圖獲得生產手段失敗了，此等合作社，一時大受打擊而至於沉靜。迨後約十年間大憲章運動發生（一八三八年至一八四八年英國勞動者之參政運動，其具體主張爲獲得普通選舉權。勞動者覺悟自己之階級意識，頗有重大意義），激發了他們。至一八四〇年合作運動之氣運再度勃興，終於一八四四年產生了羅去戴爾消費合作社。

合作思想之先覺　然而，即使這般社會的要因喚起了此等合作運動，但其間非有思想的先覺之導火不可。蓋先覺者是社會的情勢之最早最強的認識者，而從事促進它的工作。此點先覺者卽是前述之歐文金威廉及其他基督教社會主義者。他們嘗試將民主主義的個人意識改變爲合作主義的團體意識。但此種思惟在初期終於是空想的，不過由於他們前導，又由於現實社會苦惱之體驗，而達於實際實行者便是羅去戴爾合作社之先驅諸人。

人類原來有合作的素質，但原始時代的共同態，是結合於自然原形之無自覺中，而今日所謂之共同，必須是各人自覺和意識之後的結合。卽前述廷尼斯所謂昔時共同態之共同社會必先分解，其後自覺的合作的利益社會始能結合。合作社若作爲一種利益社會的組織，則完全的合作社出現的前提，非先從事各人個性之充分的洗練不可。但在英國產業革命之資本主義初期中，人人本身之自覺并不充分。如密爾（John Stuart Mill）原是忠實的邊沁主義者，功利主義的宣傳者，但一八二六年他自己所謂被襲於心的危機而發生人道主義，社會主義的思想，更且蒙受一八三〇年法國七月革命的影響，而渡法國與聖西門派諸人交換見解，終於由個人主義轉變於合作主義。而對於一八五二年英國合作法之頒布貢獻甚大的助力。因此在一般個人主義的營利觀念強烈，而不能抑制利己心的時代，卽使高倡合作主義思想，那是空想的，矛盾的。在這點上許多實驗是歸於失敗了，如金威廉便是失敗的一個。羅去戴爾的諸先覺是很理解這種情形而組織的。

消費合作之曙光 消費合作社之發生最早者爲一七六九年英國蘇格蘭一小村非維克之機織工人所設的食料品共同購入合作社（The Fonwick Weavers Society），但此可算是共濟合作社（Friendly Society）之一種。共濟合作社由當時農村的社交團體出發而共濟不幸的事情，後來成爲互相保險合作社。然在英格蘭，雖然產業革命的結果已形成當時勞動者生活之窮迫，但一方面物價積極騰貴，商人們就中製粉商人跋扈貪利益甚，因而激憤於這種情形，各處共同購買小麥，而產生製粉分銷合作社。其最初成立的，即一七九五年哈爾市貧苦居民創設的製粉工廠，名稱亦叫作「製粉所反對合作社」（The Hull Anti-Mill Society）。繼於一八〇一年該市又開設一所「醵資製粉工廠」，一八一七年又再設「迭豐埠合作製粉工廠」。至一八三三年總數達約四百所。

金威廉之共同店 金威廉醫師一八二七年在白萊頓開設之共同店（Union Shop），是已較進步的合作社。關於金氏的合作思想已如前述。而共鳴於他的思想的同志百七十八創設的共同店，由每週的寄存金累集資金以購買衣類食料及其他物品分銷於各社員，同時亦作為商品販賣而得利潤。不過其利潤不用作紅利分配，而用為共同的資本與每週之寄存金一併積蓄。一俟成了巨大的資本時，共同店也兼營生產事業，使各社員亦有提供勞動的機會，於是共同生產體(Community)可以實現。這是最後的理想。但該店成立僅一年即告解散。然此種經驗，可以說是給予羅去戴爾先驅者們極大的啟示。

歐文之事業　這種情形之下，給與此種合作社最大的影響的便是歐文(Robert Owen)。歐文於一八二八年在美國建設的平產平等新村失敗而歸國的時候，目擊當時的合作運動非常關心。蓋當時的合作社中，有設立共同燒製麵包所，或者一方面經營共同購買而同時兼造皮鞋洋服，都是企圖救濟社員中的失業份子。他認為這是他自己倡導的共同生產體(Community)的前驅，乃在倫敦組織「倫敦合作社協會」(London Cooperative Society)，作為這些合作社的中央機關，同時並舉行演講會，發行「危機」(Crisis)雜誌，又為舉行「合作協議會」(Cooperative Congress)的顧問。(該會第一次於一八三一年五月在曼徹斯特舉行，其後每年春秋二季舉行，繼續舉行至一八三三年四月在弗爾德斯非爾開的第五次會。）不過歐文指導的着重於生產，致使合作社不久即大遭困難。即合作社之生產品不能消費於合作社內部，必需向外販賣，但以賸剩貨品太多，窮於處置。前述歐文在倫敦設立的「國民平衡勞動交換所」即是爲求處理交換這些合作社之生產品而設的，但結果不能成功，僅開設一年即告倒閉，因此幾百個合作社均受搖動，許多竟至解散。此時，英國資本主義積極發展，一八三八年間，汽船連貫大西洋，各處多已敷設鐵道。大憲章運動亦正蓬勃進行，但到一八四〇年間，興奮乃漸沈靜，結果代之而起的經濟的合作運動遂勃產生。

羅去戴爾合作社的出現 羅去戴爾合作社出現於一八四四年十月。這是歐文的門徒何章士（Charles Howarth 1841—1868）及古柏（William Cooper）置下了它的基礎，并且何章士是合作規約的創議者。

羅去戴爾在曼徹斯特市北去約二十五哩，是一個工廠都市。該市之法蘭絨工廠之職工二十八名相約而創設了一所購買合作社，稱爲「羅去戴爾公平先鋒社」（Rochdale Society of

Equitable Pioneers)（十月二十四日登記十二月二十一日開始作業尚未用 Co-operative 一語）他們各人都是歐文思想的崇拜者，但同時是現實社會裏苦鬪的勞動者，深澈的體驗了人情的機微。因此充分理解歐文的思想，高遠之理想宣明在該社的綱領中，不過其實行手段則先誘致各人的利己心，而後不忘徐徐地誘導合作心。即先爲慫慂出資起見，對於出資金支付與銀行同樣之貯金利息，（五十磅以下支息五分五十磅以上支息五分五釐）而合作社之利益則根據各社員之購買額按分分配紅利。何韋士認爲這是學於歐文派先輩簡別爾（Alexander Campbell）的收穫。這足以獎勵合作社的利用，是一種紅利制度。驟然看來極爲合理，若靜爲觀察則是基於個人主義的利己的思想。因此以迎合潮流而得進展，但這在歐文和金威廉的方式中是沒有的。不過羅去戴爾諸先覺一方仍不忘於全般主義合作主義的涵養，即每於分配利益之前，由總利益金中先算除設備之清還費及出資金之利息支付費，另外又預先扣除一部份作爲公積金及教育基金，以供合作社之經濟的發展及教育慈善種種公益事業之用。而其巧妙的事，爲分配各人之分配金不使現金分散，各人均設有存款摺子，現金即支付於存款摺子之內。其合作社規約並訂明「各人之出資股份不許讓渡於他人只得依據規定之方法抽出或減少之」

羅去戴爾之綱領，當時他們揭示的綱領說：

「爲講求對於金錢上之福利及社員之社會上家庭上之狀態改良的手段，按照一人一磅之股份，集積所要之資金，以實現後列計劃及設備：

一、對於食料品價格騰貴及謀業困難，先創辦食料品衣服及其他生活必需品之購買合作社。

二、對於房租暴騰，則購置建造住宅，或選擇介紹之。

三、對於救濟失業及工錢低下的困難，爲供給此等社員之謀業及苦於工錢繼續下降之各人，合作社從事決定適當貨物之製造。

四、爲使失業及苦於工錢低下之社員從事耕作，得購置或借入土地。

五、以以上階段能夠達到爲最後目的，合作社到可能實行之時機時，則進而確立關於生產、分配、教育及政治的權能。換言之，即樹立共同利益之自給自足的自立團體，并援助其他合作社成立此種團體」云云。

在距今九十年前的當時，羅去戴爾諸先覺高唱如此透徹的思想，是很值得驚嘆的，而這是顯明反映了歐文的思想。因此，出發於羅去戴爾的英國消費合作社，它的特徵，便是到可能實行時，則宣稱從事「生產」。其結果一八五〇年開設羅去戴爾製粉所。次年組織中央機關英國批發聯合會〔C·W·S〕，實現廣泛的自己生產，這是因爲以爲消費合作社的理想不止於完成消費上之合作組織；由消費出發而從事生產，乃在於實現眞的實需生產。由是，那裏都沒有利潤和競爭，也不會形成生產過剩，因而也無從發生恐慌。即認爲供求均衡，消費與生產之一致的社會可以出現。這點雖包藏著與歐文相同的理想，但它不像歐文和金威廉之陷於空想者，是因爲他們從現實之體驗製出所謂羅去戴爾方式，(Rochdales system or plan) 獲得衆多勞動者的共鳴。

羅去戴爾方式　所謂羅去戴爾方式即（一）販賣根據市價，概用現金（所謂市價主義，現金主義，）（二）盈餘利益以購買額爲比例分配各社員（所謂特別分紅主義），（三）合作社議案之表決，不問男女，一人一票，一律平等（所謂表決權之平等，）以此三者爲大要點，此外如合作社之資金，排斥捐款，而由各社員繳納造成之（所謂自助主義，）以品質優良的物品正確的重量而售賣，（所謂品質本位，）即以市價主義防備商人折價發售，以品質本位與商人對抗，）以社員受良好教育等及對於政治宗教嚴守中立爲實行項目。這不外於表現了當時的民主主義和個人主義。

此種由消費出發而從事生產的思想與後者民主主義自助主義的意識形態，便是英國消費合作運動的內容，同時不久也就成爲所謂合作主義的意識形態。不過如日本在於以農業合作運動爲主者，此點可以深加檢討罷。

再則，關於政治所謂須守中立，創設當時的便利的方法，在上揭綱領中宣明着時期到來時，可以設定政治的權能。因此如後所述，在一九一八年任意組織的「合作黨」(Cooperative Party)得以結成。

基督教社會主義　羅去戴爾合作社也很適合當時之思想的欲求而得以蓬勃進行設於各處。尤其支持它協調它的人，是金斯萊(Charles Kingsley 1819—1875)，盧特洛 (J. M. Ludlow 1821—1911)，倪爾(Edward Vansittart Neale 1810—1892)等基督教社會主義派諸人。他們基於基督教的精神與原則，而企圖建設生產及消費的共同社會，故認為此種消費合作社是他們的理想實現的手段。因而一方面宣傳其思想而自行設立消費合作社，同時一方面注重生產而倡導生產者合作社(Producers' Association)。如是，一八八三年組織「合作生產聯盟」(The Co-operative Productive Federation)使各個生產合作社聯絡，互相販賣製品，或開設共同市場，或彼此融通資金。不過這些所謂生產合作社，都是織物、製鞋、木工、金屬加工、建築、印刷、製本、製粉、製麵包、洗濯業等小規模的，在一九三二年末，全蘇格蘭不過有九十六個合作社，四萬個社員。

倪爾　倪爾在英國消費合作社發展上是留下偉大的功績的。他曾於一八五〇年設立二、三個消費合作社，并為供給這些各個合作社良質的食料品起見，認為有設立共同的販賣、批發所之必要。遂於同年在倫敦開設了「中央合作社代理店」(The Central Co-operative Agency)。這是後來「英國批發聯合會」(C.W.S)的前驅。

合作法　倪爾覺得合作社活動上法律基礎之重要，乃與盧特洛同擬合作法案提出此法案，爲有名的「產業及準備合作社條例」(Industrial and Provident Societies Act，所謂「合作社大憲章」於一八五二年頒布。據說該法案之通過，得密爾(John Stuart Mill)很大的援助。總之，依此條例英國消費合作社取得法人資格，又獲承認經營普通工商業，即格外販賣。就中社員之法律上的責任，經確認限於所出股款，所謂有限責任制，根據此種制度，雖在合作社員移動性強的城市地方，合作社仍得發達，還獲得了極大的便宜。然此不消說是個人主義的適合化，而不是合作主義的本質。該條例更於一八六二年經過改正，準適用有限責任公司法於合作社，許可一個合作社有他社的股份，承認所謂聯合會。又每一社員之股款金額的最高限度，由一百磅增加到二百磅。

聯合運動之發展　各個的合作社運動之發展，其結果必然有聯合機關的要求。羅去戴爾式合作社旋漸普設於各處，據稱一八五一年由英格蘭北部至蘇格蘭中部已有約一三〇個合作社。於是羅去戴爾先驅者格林烏(Abraham Greenwood 1824—1911)極力主張設置「批發部」

(wholesale department)，乃於一八五五年在羅去戴爾設立。但未幾即告失敗，三年間損失約千五百磅而至封鎖。然格氏并不以此屈服，更立再度計劃。此時恰值上述一八六二年之改正合作法規，許可組織聯合會，一八六三年遂設立「北英批發聯合會」(The North England Co-operative Wholesale Industrial and Provident Society Limited)，次年三月在曼徹斯特市開始事業。嗣於一八七三年更改名稱，即現在的「英國批發聯合會」(C·W·S)(The English Co-operative Wholesale Society)。該會之開設，仍以何韋士古柏等羅去戴爾諸先覺爲中心，但最努力的格林烏則擔當創始者的名譽而任第一次會長。根據一八六四年發行之年報第一號所載，當時有五十四個合作社，社員約一萬八千人。更於一八六七年格氏另設置「保險合作社」。一八六八年「蘇格蘭批發聯合會」(S·C·W·S)亦已設立於格臘斯廊(Glasgow)。而於一八六九年在倫敦舉行第一次合作會議(Co-operative Congress)，根據何利約克(George Holyoake 1817－1906)在會中之提議，而設置合作中央委員會，結成各方面的聯絡。至此，英國消費合作運動遂呈重大的發展。

批發聯合會〔C・W・S〕一八七二年間，批發聯合會中開設銀行部。當時郵政儲金制度尙未發生，地方合作社員都有存款於合作社的習慣，故此等存款皆集中於批發聯合會，而能積得巨大的資本。於是羅去戴爾式本來希望的生產事業，將得開始，旋於一八七三年開始製造餅乾，降及今日，其所屬合作社所需要之八成以上，批發聯合會能以自己生產供給，蓋已經開設了各種的工廠。如在一九三三年六月，共有五十餘種，百十餘所工廠與二萬八千英畝之農場，其總生產額年達二億三千萬圓。（自一九三二年七月至三三年六月，爲二二、八〇八、六二八磅。）它的事業，在一九三二年末，英格蘭批發聯合會所屬合作社數爲一、〇六五所，其資本額爲七、六七二萬餘磅，分銷額達八、三八二萬餘磅（平準價約八億四千萬圓。）而蘇格蘭批發聯合會所屬合作社數二四五所，其資本額九、一二萬磅，分銷額達一、六一五萬磅，而此等聯合會之從業勞動者及事務員，英（前者）爲四萬二千人，蘇（後者）爲一萬五百人。再則英格蘭蘇格蘭兩批發聯合會另行組織「英蘇共同批發聯合會」（English and Scottish Joint C. W. S.）經營購置於印度錫蘭及他各處農場所生產的茶葉可可等之輸入，一九二九年遂實行共同計算，而共同經營前述之一八六七年創立的保險合作社（承辦生命、火災、傷害、失業、及家畜等一切保險事業，在一九三二年保險金額達五百十二萬磅。）又兩聯合會之銀行部，當初於援助生產的合作社貸出款項已經失敗，但今日在着實經營之下，作爲勞動者金融機關而辦理重要的工作，各消費合作社的出納，百份之九十是經過該銀行部的。

何利約克　合作社教育的活動，如上所述，自始是被重視的，而對此已盡最大力量者便是何利約克。他最初參加大憲章運動，得交結歐文，遂爲歐文信徒，而與何韋士同爲熱心的消費合作運動的指導者。何氏著作豐富，其中一八五七年刊行的「羅去戴爾消費合作史」（History of Co-operation in Rochdale）一書，給與一般人重大的刺激，因而設立了許多消費合作社。該書被譯成四國文字，羅去戴爾合作社之偉大的成功，廣爲傳佈於世界。何氏又於一八六八年與格利寧（E. O. Greening），共同創刊合作社最初的機關雜誌「社會經濟者」（Social Economist），努力合作思想的普及。

合作教育　格林烏爲批發聯合會之創始者，他於從事實際的活動上益感啓發合作社員的知識是很緊要的事情乃於一八七〇年九月發刊「合作新聞」(Co-operative News)。該新聞到現在仍繼續發行，爲英國消費合作運動唯一的機關報。其後以該新聞爲中心聯合會又另組織「國民合作出版協會」。今日除此之外，尚有「蘇格蘭合作者」，婦人基爾特之機關報 Woman's Outlook，及青年聯盟之機關報 Co-operative Youth 等刊物刊行。

中央會　合作運動益形發達，它的指導教育及統制機關之要求發生，於是一八六九年英國（英·蘇·愛爾蘭）合作中央會成立了。總會設於曼徹斯特市，擔負合作的指導、宣傳、教育及主張諸任務。一九三二年末，該會所屬合作社數一、二一四所（消費合作社一、〇七二，消費合作聯合會一〇，生產合作社八七，批發聯合會四及保險合作社等），社員數達六百四十四萬人。

該中央會之主要事業爲每年舉行大會一次，并特別注力於教育事業，會內設置中央教育委員會，會於一八八二年在牛津大學由泰茵比(A. Toynbee)教授開設合作講座。翌年組織「婦人合作基爾特」(Woman's Co-operative Guild)（一九三二年已有六萬七千餘會員，與一九五個支部），成爲家庭合作運動的促進者。此婦人基爾特不久亦組織於蘇格蘭及愛爾蘭，更於英格蘭蘇格蘭兩地設立男子基爾特，至一九二六年乃發生所謂「合作者國家基爾特」（National Guild of Co-operat-or）從事統一男女基爾特的運動。又於翌年由中央會組成「合作青年聯盟」（British Federation of Co-operative Youth）。再則一九一六年中央會內設立合作學院（Co-operative College），今日各國多有學生來學。

英國消費合作之發展 此後，英國消費合作運動呈現驚異的發展。根據統計來看，在一九〇一年，英、蘇、及愛爾蘭總計合作社員數尚不過一七八萬人，至歐戰前一九一三年合作社數一、三八七所，其社員則增至二八八萬人。但歐戰後，際於戰後不況的時會頓呈可驚的進展，一九一八年爲一、三六四個合作社，社員三八五萬人，至一九三一年末則爲一、一八八個合作社（其百分之九一加入批發聯合會），社員達六五九萬人。實是每年增加新社員二十一萬人。該六五九萬社員總數，適當英國戶口數一千一百萬的百分之六十。這裏，可以知道合作社在不況的時期中怎樣地發揮了它的力量。更就販賣額來觀察，一九一三年是八、三五九萬磅，一九一八年增至一五、五一六萬磅，至一九三一年達於二〇、七八九萬磅之巨額。（社員一人約當三二磅，即約三百二十元之購買費)。因此,對於貪利潤的商人階級給予極大的威脅,卒至引起所謂「反合作運動」的發生。反合作運動以商業會議所爲中心而提出合作社課稅問題,在一九三二年四月六十餘大商業團體聯合強迫政府接受,遂於一九三三年四月通過議院作成法律,對於合作社不分紅的剩餘金(即作爲事業基金的共積金)應依法課稅。

合作黨 由於此種重大的壓迫,尤其因爲基於歐洲大戰的獨占資本擡頭之結果的資本家政治的壓迫,於是英國消費合作社在一九一七年斯溫西之大會中作了政治運動的決議,繼由緊急大會而組織「合作議員選舉委員會」。嗣於翌年(一九一八)乃組織「合作黨」(Co-operative Party)在同年之總選舉中其所預定之十名黨候補結果一名當選。繼之一九二三年總選舉,十名候補者中六名得進議會。一九二四年五名得進議會。而至一九二九年五月之總選舉十二名之候補者中得九名議員,一人得任內閣閣員。但一九三一年十月之總選舉因被保守黨內閣壓迫而致慘敗,不過獲得一席而已。因此,一九三三年雖在勞動黨援助之下死力奮鬭但上述之合作社課稅法案仍是被通過了。然而合作黨之內部的迫力是逐年着着增加的。一九二四年黨籍登記之合作社三九三個，其社員數一八四萬人，不過是中央會加盟之總合作社員數之百分之四十而已，但於選舉慘敗的一九三一年末，卻增加至三五二萬人，一九三二年末，共計加入黨籍者合作社四二四個，社員三六七萬人。此數佔全部合作社員數之百分之五十六。

英國合作黨與勞動黨一樣，同是立在小產者勞動者階級基礎之上，故當初因與工會併立而少獲得勞動者的支持，但其後勞動黨改變態度，兩者本至互相攜手。而今日頗得「合作者國家基爾特」尤其是「青年聯盟」之強固的支持。

一九三二年上述之合作社課稅法案在討論時，當時合作社員之加入合作黨者，一年之內增加五十萬人，一九三三年末該黨黨員總數據稱已達四〇〇萬。它的將來是值得重大注意的罷。

總之，出發於產業革命的英國消費合作運動，在指導方面以合作中央會（C．U）為中心，在事業方面以批發聯合會（C·W·S）為中心，同時設立下列各旁支組織而發展了。

事業方面：

合作批發聯合會（Co-operative Wholesale Society L'd）——是下面諸團體之共同計算

體。

英格蘭批發聯合會（E. C. W. S.）一八六四年創立。批發販賣額八、三八二萬磅，其中自己生產額二、三〇五萬磅（一九三二年度以下同。）

蘇格蘭批發聯合會（S. C. W. S.）一八六八年創立。批發販賣額一、六一五萬磅，其中自己生產額五一〇萬磅。

英、蘇共同批發聯合會（Eng. & Scot. Joint C. W. S.）一九二三年設立。批發販賣額六二一萬磅。

愛爾蘭農業批發聯合會（Irish Agri'l W. S.）一八九七年設立。（一九三一年度）所屬合作社三〇五個。年辦理額五四萬磅。

合作保險協會（Co-op. Insurance Society Ltd.）一八六七年設立。保險金額五一一二萬磅。

批發聯合會健康保險部（Health Insurance Section of C. W. S.）一九一二年設立。

根據國家保險法。會員數約三十二萬人。

思想普及方面：

英國合作中央會（Co-operative Union）——統制下列各團體。

國民合作出版協會（National Co-op. Publishing Society Ltd.）

婦人合作基爾特（Woman's Co-op. Guild）一八八三年設立。有一、四五七個支部及七〇、〇〇五人會員。

蘇格蘭合作婦人基爾特（Scottish C. W. G.）有三八八個支部及二六六八人會員。

愛爾蘭合作婦人基爾特（Irish C. W. G.）有四、〇〇〇人會員。

國民合作男子基爾特（National Co-op. Men's Guild）一九一一年設立。有二五三個支部及一萬會員。

蘇格蘭合作男子基爾特（Scot. C. M. G.）有四六個支部及二、五〇〇人會員。

合作者國家基爾特（National Guild of Co-operators）一九二六年設立。這是從事統一男女基爾特的運動。

英國合作青年聯盟（British Federation of Co-op. Youth）這是中央會中央教育委員會主辦下而發起的運動，凡中央會之支部內均有它的支部，約有一四〇團體，以十六歲以上二十五歲以下之青年爲會員，是合作教化運動的團體。

第二節　法蘭西消費合作運動

法國之產業革命　法國之產業革命較遲於英國三、四十年。蓋一七八九年法國大革命雖已打破歐洲的封建制度而確立了自由主義思想，但因此後政治的動亂相續，不能像英國產業的發展。又如第一章所述，一八〇四年賈克柯（Jacquard）經已發明織絹機械，但產業革命眞正的勃興，乃在一八二五年以後。因該年英國解禁機械之輸出，法國乃得大批機械進口，能夠從事工業上之變革。（表六）

其結果，以織物工業勃興，輸出入於是激增。（表七）

表六　一八二五——二七年由英國輸入歐洲各國之機械價額

年次	輸入歐洲者	內輸入法國者	其中蒸汽機械
一八二五	四二、七三九磅	一八、八七八磅	一三、五八一磅
一八二六	八〇、八五六	四二、七八二	二三、三九三
一八二七	一三六、六二三	六九、七六七	五二、一三六

表七　一八二七年及四七年法國工業品之輸出入額

年次	棉花輸入額	羊毛輸入額	原料品輸入額	工業品輸出額	總輸出入額
一八二七	二九、六八三千瓩	千瓩	二七六百萬法郎	三四八百萬法郎	一、二一一百萬法郎
一八四七	四五、五二三	一五、六二八	五四七	六九九	二、三四〇

此種機械工廠生產與勞動者階級發生的產業上的變革，當然也就反映於政治運動，在一八四八年之二月革命，參加了許多勞動階級。前述白朗提倡「社會工場」「國營工場」的出現，正

在這個時候故可說法國合作運動也是由此時出發的。

法國之農業　然而法國與英國不同，缺乏石炭及鐵之大量生產，故產業的發達也是地方的、分散的，且一般大都依存於農業，人口大半分散在地方，(表八)食糧八成以上是國內生產。(表九)而農業者也以小農爲多。(表十)

表八　一八七六——一九一一法國農村人口

年次	全人口	農村人口（人口二萬以下之村鎮）	比率
一八四六	千人 三五、四〇〇	千人 二六、七五〇	七五·六%
一八七六	三六、九〇〇	二四、九〇〇	六七·六
一八八六	三八、二〇〇	二四、四五〇	六四·一
一八九六	三八、五〇〇	二三、五〇〇	六〇·九
一九〇六	三九、二五〇	二二、七〇〇	五七·九
一九一一	三九、六〇〇	二二、一〇〇	五五·九

表九　十九世紀末法國小麥自給狀態

年度	平均國內生產額	最高之年輸入額	最高輸入年度之價格
一八七六——八五	一〇、二〇〇 百萬鎊	二、九〇〇（一八七九年） 百萬鎊	二三、一 每百萬鎊法郎
一八八六——九二	一〇、四〇〇	一、九六〇（一八九一年）	二〇、五

表十 一八六二——一九〇八年間法國大小農場數（單位千）

年次	過小農場 二、五英畝以下	小農場 二、五——二五英畝	中農場 二五——一〇〇英畝	大農場 一〇〇——二五〇英畝	巨大農場 二五〇英畝以上
一八六二	不明	二、四三五	六三六	一五四	
一八九二	二、二三五	二、六一八	七一一	一〇五	三三
一九〇八	二、〇八八	二、五二四	七四六	一一八	二九

法國合作運動之多樣性，因此在法國的合作運動與英國的不同，發現於多方面且多種式樣。而以農村爲本位者多。如後面所述小農制度的存在使是合作事業發展的要素。其大概情形有

如下述。

關於合作運動的背景的社會情勢，如上述法國之產業革命由一八二五年出發，最先纖維工業勃興，所謂第一次產業革命至一八七〇年則重工業勃興，到了所謂第二次產業革命，此後形成資本主義之急速的發達。而自前期一八四八年之二月革命前後，勞動者階級勃興，社會的思潮也應運蓬勃。故在此時發生的合作運動，是畢薛及白朗諸人的觀念的生產合作社。但因其後拿破侖三世的反動政治，對於勞動階級及其生產合作社消費合作社等加以彈壓，而一時沈寂了。至一八六〇年，取消保護關稅政策，實行自由貿易主義，信用合作社得以一時發達，不過祇是一八六五年後十幾年年間的事。但其後以拿破侖三世因一八七一年普法戰爭而致顛覆，所謂第三共和國成立，同時戰後之經濟恐慌，加以由於亞美利加農業勃興引起的歐洲農業恐慌之襲來，於是合作運動再度勃興。特別是在農村間，農業合作社即農業森第開（Agricultural Syndicate）勃興，在都市則消費合作社獲得正常的發展。玆就年代的順序圖示如左：

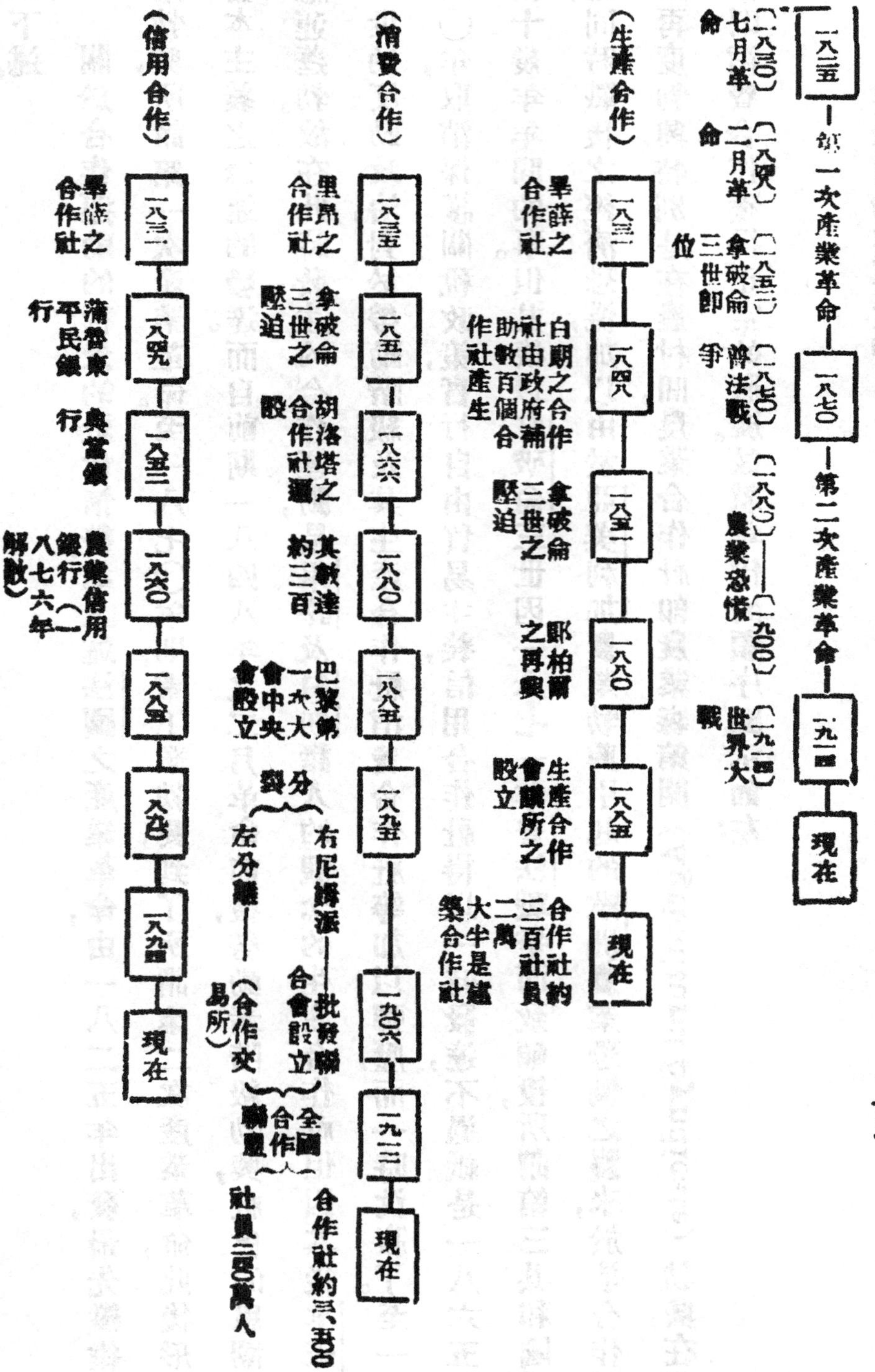
一八二五
第一次產業革命
一八七〇
第二次產業革命
一九一四
現在
（一八三〇）七月革命
（一八四八）二月革命
（一八五二）拿破侖三世即位
（一八七〇）普法戰爭
（一八八〇）——（一九〇〇）農業恐慌
（一九一四）世界大戰
（生產合作）
一八三一
畢薛之合作社
一八四八
白朗之合作社由政府補助數百個合作社產生
一八五一
拿破侖三世之壓迫
一八八〇
郎柏爾之再興
一八八五
生產合作社會議所之設立
現在
合作社約三百社員二萬大半是建築合作社
（消費合作）
一八三五
里昂之合作社
一八五二
拿破侖三世之壓迫
一八六六
胡洛塔之合作社運動
一八八〇
其數達約三百
一八八五
巴黎第一次大會中央會設立
一八九五
分裂
右尼姆派——批發聯合會設立
左分離——（合作交易所）
一九〇六
一九一三
全國合作聯盟
現在
合作社約三、五〇〇社員二四〇萬人
（信用合作）
一八三一
畢薛之合作社
一八四九
蒲魯東平民銀行
一八五二
典當銀行
一八六〇
農業信用銀行（一八七六年解散）
一八八五
一八九〇
一八九四
現在

由上表所示，法國合作運動至一八八〇年止，主要是生產合作，且是一般地觀念的發生，蓋產業革命雖已發生，但直至普法戰後之時期間政治動亂不息，經濟的發展頗受妨礙，又因拿破侖三世之「干涉政治」即所謂「一切是爲民衆，但依從民衆凡事都不能爲」的政策，民衆之自由的發展遭受壓抑。一八三五年間開設由巴黎至三傑爾蒙間法國最初之鐵道，次年延軌至凡爾賽。一八六九年雷塞布(V. de Lesseps)開通蘇彝士運河，但在一八七五年間該公司有讓渡於英國的趨勢。

生產合作運動在此種情勢之下，傅禮葉提倡最初之合作思想，但傅氏與前述之歐文相同，企圖理想社會之建設，亦是所謂空想社會主義者之一人。他的企圖固然不能實現，但因此在生產與消費上的合作觀念得以傳播於勞動者。於是一八三〇年七月革命後，畢辟(Philippe Buchez 1796—1865)提倡生產合作，翌年遂於巴黎實現木工生產合作社。他的計劃是「一、合作社員團結經營企業，并由社員中選出一名或二名代表者。二、合作社員各依其能力及生產額領取工銀。三、利益之二成積立爲合作社之基金，餘款分配於社員等。」此種共同基金之觀念，一八二七年英國金威廉醫師設於白萊頓之共同店曾經提倡，其後在德國雷發巽創設之信用合作社亦視爲重要要素。要之，這是合作社的共有觀念必然的表現。該木工合作社，終於有名無實沒有成效，但翌年所創設的細金工人合作社稍能順利進行，而繼續存在至一八七三年。但合作社員多不理解合作精神，合作社之共同基金竟被分用完竣，故畢辞深感失望，其後遂專心著述，不復活動。其次參加一八四八年二月革命的白朗 (Louis Blanc 1811—82) 亦抱相同理想，主張設立勞動者生產合作社。他因是革命政府之要員，於是政府自行設立國營工場，又頒給補助金，因而生產合作社的設立數達二百以上。更於一八四八年七月舉行之國民會議中，會議決支出三百萬法郎以援助合作社，卒因後來此等合作社頗有政治運動策源地的模樣，迨至一八五一年十二月拿破侖三世實施武斷政治 (Coup déat)，補助金乃被廢止，同時遭受彈壓，多數竟至解散，但據說至一八七八年間尚殘存十七個合作社。然至一八八〇年，郎柏爾 (Benjamin Rampal) 捐助鉅款為獎勵生產合作社復興的基金，此時政府對合作運動亦採取保護政策，因此合作社數目大增，至一九〇五年間，數達三三八個。其中包含有建築工泥水匠之建築業合作社一一三個，為最多數，次則金屬工三六，書本裝訂及文具三三，木工二八，運送三五，其他大致屬於皮工、靴工、石工、玻璃工、攝影師、裁縫師等所謂手工業者的合作社。其大半設在巴黎里昂波爾多等大都市附近。一八八五年並經設立聯合機關生產合作社「評議委員會」(Chambre Consultative)。但其後不甚發達，至一九三一年末計有合作社三四〇個，社員約一萬二千人。

乙　消費合作社之發生　法國消費合作運動亦先由工業都市里昂發生。(表十一)

表十一　一八七二——一九〇三法國機織機臺數

年次	一八七三	一八八八	一九〇三
機械織機	六、〇〇〇	一九、〇〇〇	三八、〇〇〇
手織機	一二〇、〇〇〇	七五、〇〇〇	五〇、〇〇〇
內里昂市	三五、〇〇〇	二三、〇〇〇	四、〇〇〇

里昂市是法國第一個機業都市。一八五〇年前可說已有機械織機，但由婦女操作而手織機倒是男子的工作。其機織職工們一八三五年在里昂合設法國最初之消費合作社「誠實的與社會的交易」(Commerce Vèridique et Social)。其主倡者爲職工戴禮榮(Michel Derrion)

及海尼棠（Joseph Reynier）二人。不過法國消費合作運動一般地發達是在一八四八年革命以後，特別是從一八六六——七年始達於勃興。其中心地點仍在里昂，而於胡洛塔（Engène Flotard）指導之下，成立許多消費合作社，祇是里昂一市其數已達二十三個。旋卽傳播於各地。然因一八七〇年普法戰役受了重大的打擊，多數衰滅，但據說一八八〇年尙有三百個合作社存在。可推想當時社會對於合作社是如何地需要。而當時自由主義的經濟學者賽（Léon Say）西蒙（Jules Semon）華拉斯（Léon Walras）等，欲以此種消費合作社爲社會之救濟機關，而加以贊助，同時英國羅去戴爾合作社之成功，與勞動者階級重大的感動，遂漸漸趨向發展之機運。然在一方面，抱馬克思思想的社會主義者份子，視一切合作社都是無力的團體，一八七九年在馬賽舉行之大會，於蓋德（Jules Guesde）主張之下，竟至表示堅強的反對。由此種反對而最受打擊者是生產合作社，但不久消費合作社亦遭非難。於是發生偉大的復興運動，卽是一八八五年德波夫（Édouard de Boyve 1840—1922）在巴黎舉行的合作大會。

德波夫氏生於信奉基督新教的地方貴族之家庭，父法人，母則是英人，因此關係得與英國人士交遊，并崇奉英國基督教社會主義的思想，就中與倪爾交往最厚，頗洞悉羅去戴爾的成功。他青年時代在巴黎求學，其後移住法國南部之尼姆（Nimes）而從事消費合作運動達四十年。尼姆不是工業都市，而是幽靜的市鎮，德氏在那里與傅禮葉派社會主義者法布爾(August Fabre)及尼姆市附近蒙柏利亞大學教授季特相識，而合力組織羅去戴爾式的消費合作社稱為「蜜蜂消費合作社」。但德氏以為必須倣效英國組織聯合會，遂在法布爾及季特援助之下，對於當時法國所有約二百個合作社發致徵求書，而於一八八五年在巴黎舉行法蘭西第一次消會合作大會。當時參加大會者有百餘社。於大會中他採用羅去戴爾之綱領設立「合作聯合會」(Union Cooperative)，設總會於巴黎。并也企圖設立批發聯合會，只以時機尚早，不能實現，故由該「合作聯合會」試行經營共同購買。又每年在大都市舉行合作大會，并發行小册雜誌名為「解放」(Emancipation)。他以此雜誌為地盤，而傾注全力於合作思想的宣傳。此後法國之消費合作社遂達於正常的發展。德氏的活動不止於法國國內，并經盡力於國際的合作聯盟運動。一八九五年在倫敦舉行的大會中議決設立「國際合作聯盟」(The International Co-operative Alliance)，德氏實爲創立者之一人，而獲得終身名譽書記的稱號。以此，他是法國消費合作運動之偉大的功績者，始終是實行的人，且謙讓地終身任聯合會之會計部長。但協助他的季特氏則反是徹頭徹尾是個理論的學者。

季特（Charles Gide 1847—1931）生於尼姆市附近玉最斯（Uzes）地方。初爲波爾多大學講師，繼任蒙柏利亞大學教授，嗣與德波夫相知，乃努力參加消費合作運動。一九二一年任巴黎大學教授幷擔任蘇本大學開設之合作講座（一九二一——一九三〇年），該講座乃一九一九年之大會議決，由法國消費合作社供給資金而開設，委托季特教授主持其事。季特是近世經濟學之世界的權威者，尤其是消費合作理論研究之開拓者。他的名著「消費合作論」（Les Sociétés Co-operative de Consommation. 1905）被傳誦於全世界。他認爲未來之社會制度在於消費者之領域。蓋不知不覺間生產將人們分離，但消費則有結合人們的力量，故消費合作社是社會改造之基礎的手段。因此，尼姆派中人稱之爲「合作社的奈廷格兒」（Nightingale）他是徹底的自由主義思想的人。德波夫及季特的思想都是民主主義的中產者的意識形態，同時尼姆亦非工業都市或政治都市，故法國消費合作運動與英國不同，而是市民勤勞者階級的運動。

消費合作社合作交易所　然而在一方面做傚當時發生於比國的社會主義消費合作社（反對羅去戴爾方式兼行政治運動）而作成的左派之合作社，加入了上述的合作聯合會。後來又以聯合會過於中產階級化，過於地方化，而復退出，乃於一八九五年以巴黎為中心另行組織聯合會，稱為「消費合作社合作交易所」（Bourse Co-operative des Societes Socielistes de Consommation）。

尼姆派（Ecole de Nimes）　此時聯合會內部關於生產合作社之包含問題，發生了兩派的爭端，但結局是不偏護左右兩派，企圖遵奉羅去戴爾主義的所謂尼姆派為之領導。

尼姆派於一九〇六年採取英國C.W.S.的榜樣，設立批發聯合會（Magasinde Gros）於巴黎。其後上述之「消費合作社合作交易所」之一派，因有名的法國勞動運動之戰士佐列士（Jean Jaurés）從中斡旋，兼以受了英國消費合作運動的影響，卒於一九一二年亦依從尼姆派的綱領，而彼此握手，同年十二月，遂結成「消費合作社全國聯盟」（Federation Nationale de

(Co-operatives de Consommation)，加盟之消費合作社凡九百餘，組織完全依照羅去戴爾的方式，卒造成強有力的活動，此時恰値歐洲大戰發生。

歐戰與消費合作社 大戰爆發對於法國的消費合作社發生了什麼影響呢？戰亂區域中的消費合作社遭受打擊是不待言的，不過法國的消費合作社卽如上述乃是平民階級的東西，値此大戰爆發的時會乃成了國家動員的一種機關。因爲戰爭發生時物價騰貴，且一般商人貪利居奇，故政府乃認定消費合作社爲國民必需品的自給機關，甚至在軍隊方面也設立購買合作社以代替原來的商人酒保。因此戰後退伍的兵士們回歸地方也創辦這種事業。於是政府有鑒於此，乃於一九二〇年設立「合作高等參議院」(Conseil Superier de la Cooperation)，爲合作社的助成機關，幷融通大批資金以資援助。再則全國合作事業中央機關的全國聯盟，已成爲國民經濟會議，生活費委員會，鐵道會議，勞動者高等委員會等公共機關之代表者。

因此，戰後消費合作社呈現驚人的進展。一九一四年合作社總數爲三、二六一，社員不過八十七萬人，至一九二八年合作社因多已合併，僅增至三、五一三，所差不遠，但社員數則已增約三倍，爲二百二十九萬人。占法國戶口數百分之二十（比之英德尙屬少數。）其總販賣額一九一四年爲三億二千萬法郎，但一九二八年增至三三億五千餘萬法郎，按照戰前之貨幣價值計算，則爲二倍以上。此外全國聯盟一九三一年新設保險部，尤以火災保險部大著成績。至一九三二年末，法國消費合作社總數約三、三〇〇，其社員數估計爲二四八萬人。

批發聯合會　加盟於巴黎之批發聯合會者合作社數爲一、三〇〇，社員數占一、六〇萬人，爲次於德國之最大的聯合會。一九三二年度，批發聯合會之賣出額達八億三千萬法郎，其中四千六百萬餘法郎爲自己生產。不過法國消費合作社之自己生產并不發達。聯合會之生產部只有製鞋、拖鞋、醃菜、鰯罐頭、巧格力、咖啡、裁縫、化粧品等工廠。不加入聯合會之合作社約有九千九百，多是小規模的分散於各地，其社員數合計約八八萬人。

其次消費合作社之金融機關，一九二二年設立「法蘭西合作銀行」（La Banque des Co-operatives de France）辦理批發聯合會之銀行部事業。一九三一年度，其資本不過二、三五〇萬法郎，但其承辦額達三、一三七萬法郎，發展遠過於生產部門。

法國消費合作社之特質　法國消費合作運動之特徵，若比之英德兩國，則關於工業方面者少，故雖採用羅去戴爾方式，不過是在自由主義思想之下，認作中小產者爲較爲廉價的共同購買而已，與德國許爾志之消費合作社同樣。因此，沒有所謂排除利潤和勞動者解放這回事。

再則關於合作教育方面，即如上述，聘請季特教授在蘇本大學開設合作講座，幷印刷該講座的講義廣爲發布。

合作法　法國合作事業，沒有制定特別的合作法規，一般以民法及商法爲標準，但不便之點甚多，故在一八九三年乃發布中間型之「商業形態之民事結社」(Société Civil à forme Commercial)的法律。其規定爲：一、禁止辦理社員以外之事物，二、資本額無規定於一律之必要，三、採取有限責任制，四、如不爲純粹的商業行爲，得免除營業稅等，於消費合作上是規定了極便利的形式。不過，此種合作社社內交易營業稅的免除，由於現實經濟恐慌，個人商人之反對甚烈，於是一九三三年下院乃通過合作社收益課稅案，但後經上院修正，與英國同樣，祇是對於剩餘金之共積部分施行課稅。

此外關於信用合作及農業合作，容於下章敍述。

第三節　德與消費合作運動

德國產業革命　德國產業革命，較法國更遲二三十年。卽英國自一七七〇年間開始產業革命，德國則發生於一八四八年左右。

德國的產業革命所以發生較遲的原因，由於德國當時分立爲多數小國，彼此間法律貨幣關稅諸制度均不一致，維持着封建的諸關係，所謂資本的原始的積蓄也少，交易也遲緩，也沒有像在英、法、荷蘭諸國的銀行組織的發達。故產業祇依存於農業，人口大半是農業者，而工業在都市在農村都是手工業。根據哈爾戴的統計，一七八五年普魯士的工業生產三分之二是家庭工業，其餘三分之一也是工場手工業。據說一八四〇年普魯士蒸汽機械爲六三四臺，一八四六年綿布工廠僅有一三六所。

然而一八三三年至三六年間，德意志諸聯邦組織了關稅同盟，撤廢了國內關稅壁障，遂使國內之交通貿易暢旺，而刺戟於生產事業。其結果急激地促成機械的使用。又自一八四〇年間，各地蓬勃的敷設鐵道（德國最初之鐵道爲一八三五年敷設於自紐隆別爾至休爾特市之間，至三九年開通自萊普齊至德勒斯登市之間最初之鐵道幹線。）此時，一八四八年之法國二月革命影響歐洲全土，到處高倡自由統一主義，偉恩市發生暴動與國反動政治家梅特涅（C. W. L. Mett-ernich）逃亡英國，而在德國亦開聯邦會議於法蘭克福討議憲法之制定。

如是，以此爲轉機之德國產業頓呈勃興，最先由紡績及織物工業急速地發展，而淘汰原來之手工業。嗣因一八七一年普法戰爭，德意志帝國成立，尤其因獲得了富藏石炭及鐵鑛的亞爾薩斯洛林爲領土，於是重工業亦呈隆盛，進入所謂第二次產業革命的階段。又以普法戰役得法國賠款五十億法郎，德意志資本主義乃突飛猛晉，其結果竟誘導了一九一四年的世界大戰。玆引用三統計表於下。（表十二——十四）

表十二　一八六〇——一九〇〇年世界主要國之石炭產額

年次	一八六〇	一八七一	一八八〇	一八九〇	一九〇〇
德國	一、二三〇 萬噸	二、九三〇	四、七〇〇	七、〇二〇	一〇、九三〇
英國	八、〇〇〇	一一、七四〇	一四、七〇〇	一八、一六〇	二二、五二〇
法國	八一〇	一、三九〇	一、八八〇	二、五六〇	三、二七〇
比利時	九六〇	一、三七〇	一、六九〇	二、〇四〇	二、三五〇
美國	一、五二〇	四、二五〇	六、四八〇	一四、三一〇	二四、四六〇

表十三　第一次產業革命時代德國工業之發展

年次	一八五〇	一八六〇	一八七〇	一八八〇
石炭產額（千噸）（含褐炭）		一六、三七〇	三四、〇〇三	五九、一一八
鐵鑛產額（千噸）	八三八	一、四〇一	三、八三九	七、二三九
銑鋼生產額（千噸）（含盧森堡）		五二九	一、三九一	二、七二九
鐵道全長度（粁）	六、〇〇〇	一一、〇二六	一八、五六〇	三三、八六五

年次	一八四六—五〇	一八六六—七〇	一八七一—七五
棉花消費量（噸）	一六、〇〇〇	六八、〇〇〇	一一六、〇〇〇

年次	一八四〇	一八七五
蒸汽機械	六二四臺（一・二萬馬力）	二五、六八四臺（二五二萬馬力）

表十四　十九世紀末以後德國農村人口及農業者比率

a. 農村人口與都市人口

年次		一八七一	一八八〇	一八九〇	一九〇〇	一九一〇
全人口		四一、〇五九千人	四五、二三四	四九、四二八	五六、三六七	六四、九二六
百分比	農村	六三・九%	五八・六	五七・五	四五・六	四〇・〇
	都市	三六・一%	四一・四	四二・五	五四・四	六〇・〇

b 職業者之職業比率

年次	一八八二	一八九五	一九〇七	一九二五
職業者總數	一、六八八九千人	一、九七六	二、五一六	三、二〇一
百分比 農林及水產業	四二·二%	三六·三	三四·〇	三〇·五
百分比 工業及鑛業	三三·八	三七·八	三九·〇	四一·四
百分比 商業及交通業	八·六	一〇·九	一三·九	一六·五
百分比 其他	一五·四	一五·〇	一三·〇	一一·六

勞動運動　因此種產業革命而形成的資本主義的發展，一般與英國相同，使許多工廠都市發達，同時帶來了勞動者階級的發生與勃興。但是德國自腓特烈大帝（一七四〇——八六）以來，普魯士領導諸聯邦，尤其至威廉一世即位，任俾斯麥爲宰相，高唱德意志之統一與帝國主義，對任何方面採取干涉的保護助長政策。然同時勞動者階級擁戴當時有名的馬克思（一八一八——八八三）而發生勞動運動，一八七五年拉薩爾派在皋塔舉行大會，乃結成德意志社會黨。於是，俾斯麥於一八七八年頒發彈壓社會黨之法律以抑制勞動運動，同時自己標榜國家社會主義而

實施各種社會政策。例如一八八三年發布勞動者疾病保險法，八四年工場負傷者保險法，八九年，制定養老保險法等。因此消費合作運動在此種形勢之下，倒不如取得政府的保護，而勞動者也覺由政治運動而轉移注意於消費合作運動。再則，另一方面，一八七三年改革貨幣制度，採用金本位制，七六年創設德意志帝國銀行等，金融資本之發展亦益顯著。

於是從一八八〇年後，都市間的勞動者消費合作社，覺得與英國同樣的發展。在下列數字便可看出。

一八六五年	合作社數	三四
	社員數	六、六四七
一八七〇年	合作社數	一一一
	社員數	四五、七六一
一八八〇年	合作社數	一九五
	社員數	九四、三三六

德意志國情及其合作運動　德國與法國同樣，是擁有廣大沃野的農業國，然在帝國主義之下，又以產業發展伴着的人口激增，因此國內食糧生產有增進的要求，於是許多之科學生產方法都被發明了。例如帖亞（一七五二——一八二八）傳授輪栽農法，豐·儲年（一七八三——一八五〇）由研究有名的「孤立國」而發表耕地之相對的效用性，黎比（一八〇三——七三）教授科學的施肥方法等。因此德國的農業與英國相反，因產業革命卻反而獲得重大的發展。然而，由於此種保護政策，特別是高率的關稅保護所給予產業之助長，固然發展了國內的生產力，但因之而物價騰貴，資本之需要遂形緊迫。在這般社會的要求之下，購買及信用合作社乃普遍地發生起來，而在金融機關不便利的農村，信用更爲主要，而益形發展，故德國的合作運動可以說是先以農村信用合作社爲中心的，此點容待詳述於下章，茲先述關於消費合作之大概。

消費合作社在它當初的時候，也是由前述之胡布許爾志們思想的先覺所倡導的，故在它初期中，猶如法國之以平民階級之消費合作社爲主。但不久在漢堡、薩克森、萊茵等工場都市，勞動階級之消費合作社也就必然地臻於發展。這是始於一八七〇至八〇年代間。再則因上述之社會的情勢，在農村間購買合作社的要求也是十分緊切，所以如雷發巽式合作社也都附屬許多購買合作社，這點德國之合作社也是經過繁多的種類。（表十五、十六）

表十五　一八九七年普魯士王國合作社數及社員數

一八九五年頒布法律，設立合作中央金庫於普魯士。根據該金庫之報告，一八九七年二月末普魯士王國之合作社數爲六、九五八，其社員數爲九六五、一六〇人，大半是農事合作社，若由事業區別觀察則信用合作社占百分之六十四。

	合作社數	社員數
隸芬巴克聯合中央會所屬（哈斯系）	二、一一一	一二八、一一五
紐威市聯合中央會所屬（雷發巽系）	一、五七二	一一〇、二〇五
右屬以外之合作社（多屬農業合作社）	二、四三四	三二八、三四二
以上計（大部分農事合作社）	六、一一七（八八%）	五六六、六六二（五九%）
許爾志德利齊聯合中央會所屬	八四一（一二%）	三九八、四九七（四一%）

合計			六、九五八（一〇〇%）		九六五、一六〇（一〇〇%）
內計	信用合作社	四、四五五	倉庫合作社	一二二	住宅合作社 一三四
	原料合作社	三六七	生產合作社	一、二三九	其他合作社 一〇三
	販賣合作社	四三	消費合作社	六〇五	合計 六、九五八

表十六　一九二五年末德國各派所屬之各種合作社數及百分比

許爾志合作社		雷發巽合作社		哈斯合作社	
事業種類	社數及百分比	事業種類	社數及百分比	事業種類	社數及百分比
信用合作社	一、三五四（三九・〇）%	貯蓄貸付金庫	六、一〇四（七〇・〇）%	貯蓄貸付金庫	一三、一三二（五〇・六）%
商品販賣合作社	一、八八七（五四・二）	購買合作社	一六七（一・九）	購買合作社	四、一七九（一六・一）
建築合作社	一八四（五・三）	酪農合作社	二七〇（三・一）	酪農合作社	二、六二四（一〇・一）
消費合作社	三（〇・一）	畜產合作社	四五（〇・五）	畜產合作社	二七三（一・一）
證券合作社	四九（一・四）	葡萄合作社	五八（〇・七）	葡萄合作社	一六〇（〇・六）
計	三、四七七（一〇〇・〇）	電氣合作社	一、五八七（一八・二）	電氣合作社	三、一四八（一二・一）

消費合作社			打穀合作社	一四四（一·七）	打穀合作社	五二三（二·〇）
	社數	社員數	牧場合作社	七三（〇·八）	牧場合作社	五九七（二·三）
漢堡派	一·一一〇		其他	二五七（三·一）	其他	一、三一三（五·二）
西德派·	三二二		計	八、七〇四（一〇〇·〇）	計	二五、九二七（一〇〇·〇）
計	一·四三二					

德國合作運動之指導者　德國之合作社，大多是由先覺指導者先組織了聯合會，然後纔設立各個合作社，故在作一貫的觀察上，一般根據指導者的系統別爲便利。所謂它的指導者是什麽人呢？那就是胡布、許爾志、雷發巽、拉薩爾、費飛爾及哈斯諸人。

胡布（Victor-Aime Huber 1800—69）曾於前章詳述。胡氏一八四三年至五一年間任柏林大學教授，而宣傳合作思想，許爾志承受其思想即此時代。氏曾數度旅行英、法兩國，致意於合作運動，爲移植合作思想於德國之先覺者。是羅去戴爾合作社建設後不久之最初訪問之外國人。

許爾志（Hermann Schulzé-Delitzsch 1808—83）許氏生於德利齊鎮（Delitzsch），

爲當地司法官之子，故繼其父之後爲推事。一八四一年旅行諸國，致力於政治經濟之研究。故亦研究過英、法之合作運動。一八四三至四七年時遇飢饉，遂努力於貧民救濟，而由德利齊鎭選出爲普魯士國會議員。後與工人爲朋黨，一八四九年在德利齊鎭創設木工與靴工之原料購買合作社。即靴工合作社員共五十七名，每名各出資二塔拉（thaler），又以社員之連帶保證借入九六〇塔拉作爲資金而向萊背齊之皮革工廠購買皮革。其結果整個經營費之支出比買入價格高百分之八，而分配於社員者亦較零賣市價低廉百分之十五，且能得良質的物品。但不久因原料購買費不足，故於一八五〇年組織儲貯借貸合作社。其事業辦理之初，成績不善，俟因彼之同志在鄰市愛林堡經營成功，乃採其組織而從事改造。那是無限責任制，由定期納費積成基金，辦理貯金及借貸事宜。這就是許爾志的城市信用合作社，而廣爲傳播於各地各國者。

其次許氏對於合作社員之生產品發賣方面也覺得有組織合作社之必要，而將原料合作社變形爲購買及販賣合作社，又計劃所謂店舖倉庫，該倉庫用爲販賣社員之製造品。又從胡布教授之論文中知道日用品之購買合作社——即消費合作社——的組織乃於一八五二年設之於德利齊鎮。

合作法　再則許爾志的功績，便是努力於合作法之制定，他爲議員之生涯，全部集中於此。他曾於一八六〇年提出最初之法案，但其後一八六六年之法案始通過議會，一八六七年成爲普魯士之合作法。迨一八六八年北德意志聯邦成立，該法乃成爲聯邦之法律，一八七一年德意志帝國成立，更成爲帝國法律。許爾志是主張合作社無限責任制，但經一八八九年合作法大改正，乃改爲有限責任制，但此時許爾志已於一八八三年長眠地下了。該法之經改爲有限責任制，便是成爲城市合作社尤其是消費合作社偉大發展之原因。而該法其後仍經多次之改正，成爲德國之現行法，亦爲日本合作法之母法。

拉薩爾（Ferdinand Lassalle 1825－64）　關於拉氏，亦已詳述於前章。他以生產合作社爲唯一的合作社，力說所謂勞動者自身可作企業家。他的思想始終沒有實現，但已使多數勞動者對合作社深爲關心，尤其自覺了勞動者消費合作社的自己生產事業的重要，他這種功績是不能夠埋沒的。故如後面所述，漢堡批發聯合會之自己生產在金額上占全分銷額之百分之三十四，（一九三一年）比之同年英格蘭批發聯合會之占百分之二九，法蘭西批發聯合會之僅占百分之五·五者猶爲巨大。

費飛爾（Eduard Pfeiffer 1835—1918）氏生於司徒嘉德地方，爲德國南方消費合作運動之指導者。可說是居於胡布及許爾志的中間。他青年時代也像胡布之去英、法視察合作運動，而得其知識，且又如許爾志努力於實行運動。但許爾志是指導平民消費合作運動，而他是努力勞動者之消費合作運動。他指導設立了很多消費合作社，並於一八六五年受德國勞動者合作社之委托，編著消費合作教科書。該書題名爲「消費合作社之本質與活動及設立與組織之實際手續」，故廣爲各國採用。

此外關於雷發巽及哈斯二人當於次章農村信用合作運動中述之。

玆將此等先覺指導者倡導的德國合作運動表列如次，以資考察。

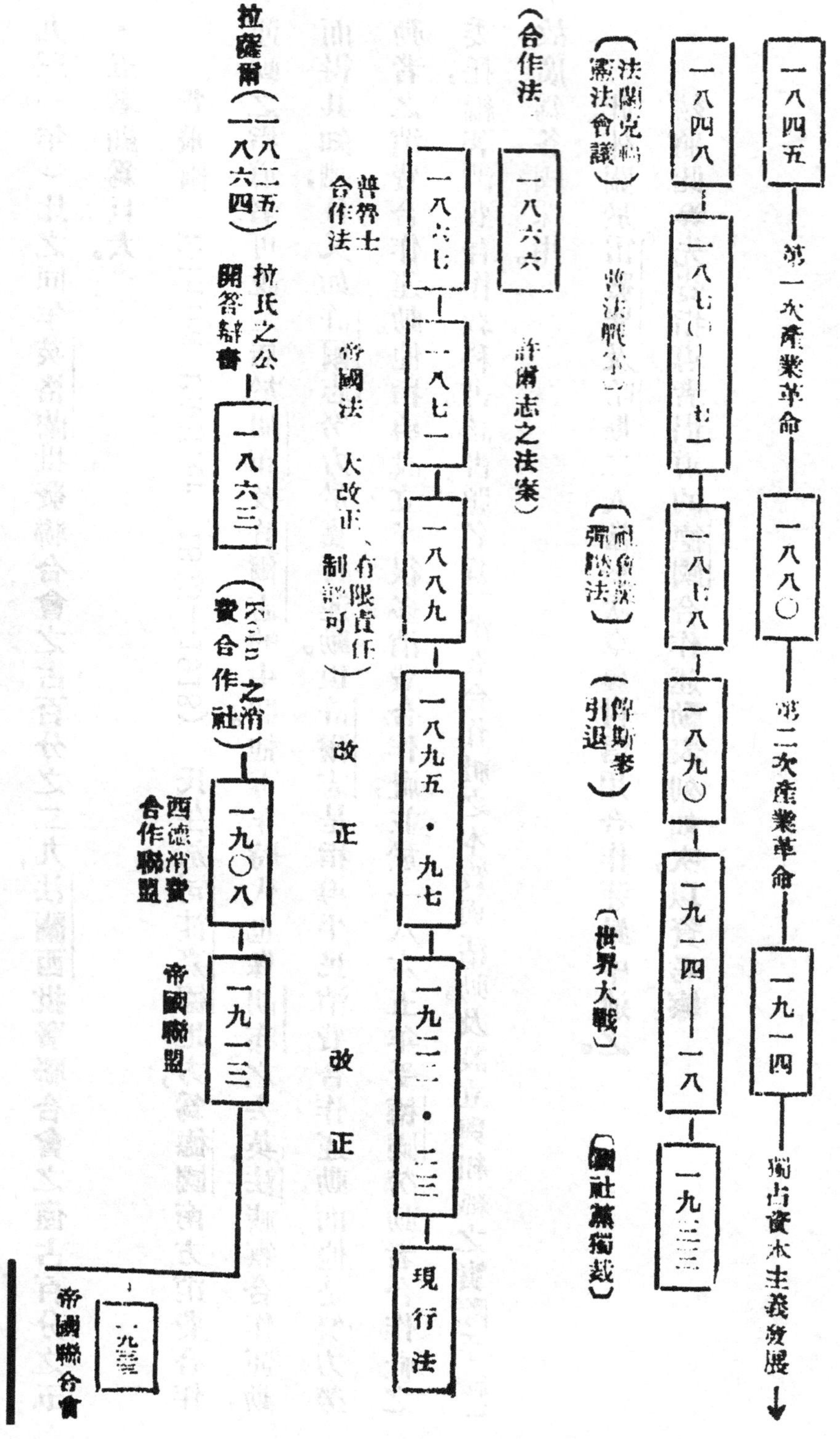
一八四五
第一次產業革命
一八八〇
第二次產業革命
一九一四
獨占資本主義發展
一八四八
（法蘭克福憲法會議）
一八七〇——七一
普法戰爭
一八七八
（社會黨彈壓法）
一八九〇
（俾斯麥引退）
一九一四——一八
（世界大戰）
一九三三
（國社黨獨裁）
（合作法）
一八六六
許爾志之法案
一八六七
普魯士合作法
一八七一
帝國法
一八八九
大改正、有限責任制許可
一八九五・九七
改正
一九二二・二三
改正
現行法
拉薩爾（一八二五——一八六四）
拉氏之公開答辯書
一八六三
（Koln之消費合作社）
一九〇八
西德消費合作聯盟
一九一三
帝國聯盟
帝國聯合會

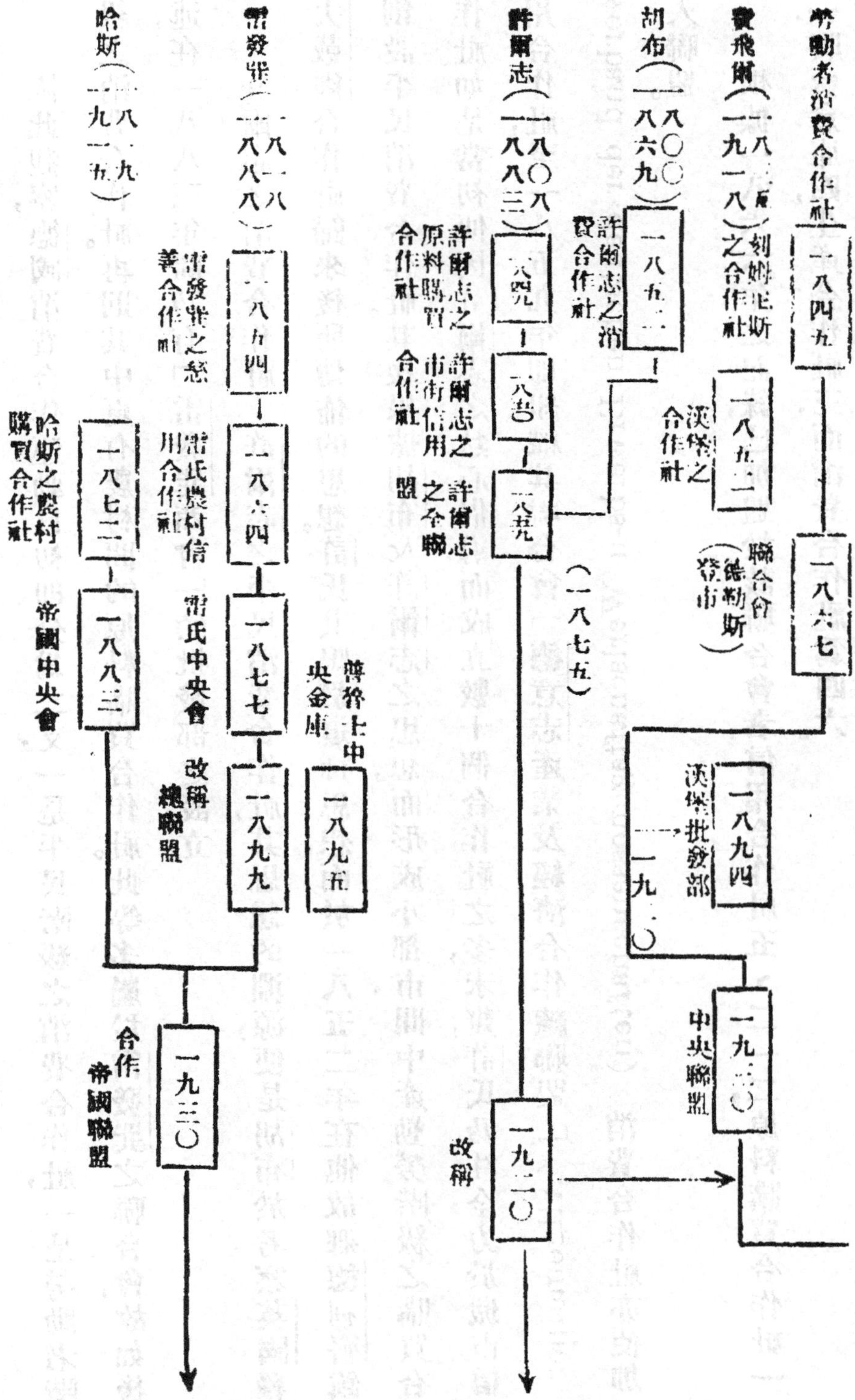

勞動者消費合作社
一八四五
一八六七
費飛爾（一八二五—一九一八）之合作社
刻姆尼斯
一八五二
漢堡之合作社
聯合會（德勒斯登市）
一八九四
漢堡批發部
一九一〇
一九〇三
中央聯盟
胡布（一八〇〇—一八六九）
一八五二
許爾志之消費合作社
（一八七五）
許爾志（一八〇八—一八八三）
一八四九
一八五〇
一八五九
許爾志之原料購買合作社
許爾志之市街信用合作社
許爾志之全聯盟
一九二〇
改稱
雷發巽（一八一八—一八八八）
一八四九
一八六四
一八七七
一八九九
雷發巽之慈善合作社
雷氏農村信用合作社
雷氏中央會
改稱總聯盟
一八九五
普魯士中央金庫
哈斯（一八三九—一九一五）
一八七二
一八八三
哈斯之農村購買合作社
帝國中央會
一九三〇
合作帝國聯盟

依此觀察，德國消費合作運動自初即分為二支，一是平民階級之消費合作社，一是勞動者階級之消費合作社。再則其中更有農村間的原料購買合作社。此等多屬於雷發巽之聯合會，故如後述，在一八八三年間乃有「雷發巽商會」的批發部之設立。

許爾志之消費合作社　許爾志之平民消費合作社，其思想的淵源，便是胡布於考察英國羅去戴爾合作社歸來後所傳佈的思想。許氏共鳴於這種思想，而於一八五二年在他故鄉德利齊鎮創設平民消費合作社。其後根據胡布及許爾志之思想，而形成小都市間中產勤勞階級之購買合作社。如是當初便因許爾志之熱心倡導，而成立數十個合作社之多，未幾，許氏乃注全力於城市信用合作社，至一八五九年即組織其聯合會「德意志產業及經濟合作總聯盟」（Allgemeiner verband der deutschen Erwerbs-u Werlschaftsgenossenschaften）消費合作社亦使加入聯盟。

根據一八六六年之記錄，已加盟於該聯合會者，信用合作社五、二一二，原料購買合作社一一，販賣倉庫四，生產合作社三，而消費合作社為四六。

勞動者消費合作社另一方面由於上述之社會情勢下，勞動者消費合作社也早就自然的萌芽了。最初是一八四五年在薩克森國之刻姆尼斯（Chemnitz）之十二名紡績工人所設立的，名爲「依爾孟特隆」（Ermunterung 激勵之意）合作社，因經營方法不善，不久即告閉鎖。又根據本斯泰因（E. Bernstein）所著「柏林勞動者運動史」，據說在一八四八年左右，有作爲柏林勞動者親睦會之一種的種種消費合作的合作社，其中如麵包購買合作社爲最著者。又據說在德利齊鎮之合作社設立之同年，一八五二年，漢堡已設有稱爲「生活必需品分銷合作社」。不過勞動者消費合作社之系統的發達，乃是在當時之工場地帶的薩克森及萊茵蘭諸地。

聯合會　基於勞動者階級之漸漸成熟，他們——勞動者——一八六七年在薩克森（Sachsen）國之首府德勒斯登組織他們的消費合作社之聯合會，翌年乃設立批發部。但以經濟還太薄弱，難以獨立，於是一八七五年乃加盟於許爾志之聯合會成爲一個支部的形式。

此時正值前述之一八七九年帝國法頒布禁壓勞動者階級之政治運動，故勞動者們多已轉向於消費合作運動，而一八八四年之合作大會中，關於消費合作之意義，從事熱烈的討論，其急進派更於一八九四年組織「前進（Vorwats）合作聯盟。」再則因一八八九年德國合作法認可有限責任制，於是消費合作社益得到發展之地步。

因此在許爾志之聯合會中，其加盟合作社員之人數中逐漸地消費合作社員多過信用合作社員，而自一九〇〇年後其地位竟至顛倒。根據英國費氏之統計兩者之比較如次。（C. R. Fay: Cooperation at Home and Abroad. p.286）

年度	信用合作社 合作社數	信用合作社 社員數	消費合作社 合作社數	消費合作社 社員數
一八九〇年	一、〇七二	五一八千人	二六三	二一五千人
一八九五年	一、〇六八	五二六千人	四六〇	二九二千人
一九〇〇年	八七〇	五一一千人	五六八	五二二千人
一九〇一年	九〇四	五二七千人	六三八	六三一千人

而到一九〇〇年，其消費合作社員之三分之二以上是勞動者。因此，在許爾志聯合會內部，遂形成一方面由信用合作社所領導的中小工商業者之意識形態，與一方面由「前進」聯盟所領

導的勞動者消費合作社之意識形態之互相對立。并且前者在對於政治是純粹嚴守中立，而後者其合作社自體雖亦標榜政治的中立，然實際上乃屬於德國社會民主黨。

漢堡派 他們根據羅去戴爾先覺之思想高唱合作社的自己生產，一八九四年此等消費合作社即設立批發部於漢堡，形成所謂漢堡派。而該批發部發行「消費合作評論」（Konsumgenossenschaftliche Rundschau）週刊，揭載對於許爾志聯合會之指導的攻擊的議論，而強烈鞏固自己的立場。更於一八九 年該批發部指導者發起前往英國視察旅行，目擊其發達的制度及輝煌的理想而歸來後作強力的報告，對於中央之舊式的意識形態益加強烈的反抗，遂於一九〇二年在科羅日發市舉行之大會中爆發，許爾志聯合會卒將此等消費合作社九十八個開除會籍。於是被除名之合作社旋即合併馬德堡、西利西亞等地之消費合作社，共約五百合作社於一九〇三年在德勒斯登（Dresden）結成「德意志消費合作中央聯盟」(Zentral-verband Deutscher Konsumvereine）不久即於漢堡設置本部。

其所殘留於許爾志聯合會的消費合作社之大部份也相繼脫離許爾志聯合會而加入中央

聯盟一九〇五年許爾志系之消費合作社爲二六〇，而中央聯盟之合作社數則已達七八七。如是，中央聯盟在它的主義上，在它的構成上，均已脫離許爾志之主義，並與英國勞動者消費合作社發生密切關係而此等消費合作社降及大戰前後，遂呈顯著的發展，爲英國以外的最大的組織。至一九一〇年，兩者之對立亦已和解，許爾志聯合會已認許所屬合作社得自由加入中央聯盟，故由上表（十八）看來，幾乎已全部加入後者了。

中央聯盟之發展　若由其數字的發展所示，則大戰前一九一三年所屬合作社數爲一、一五七，至戰後一九二〇年增加到一、二九一，其社員數由一六六萬人增爲二九二萬人。

其後因大戰後的經濟國難及持續的世界恐慌而繼續渡着難關，但在一九三二年末仍尙有加盟的合作社九四九社員三〇〇萬人與十個地方聯合會，一萬一千店鋪所屬合作社每年的營辦額有九·四億馬克，其中二·六億馬克是自己生產。而漢堡中央批發部（G·E·G·）則爲三·四億馬克，內一·三億馬克是自己生產。

刻爾派　漢堡派之外，萊茵地方另產生基督教主義的勞動者消費合作社，一九〇八年在刻爾（Köln）組織「西德消費合作聯盟」（Verband Westduelscher Konsumverein）迨至一九三一年官業勞動者多數加入，乃組成「德意志消費合作帝國聯盟」（Reichsverband Deutscher Konsumvereine）至一九三三年已有二五九個合作社，八十萬社員，二、四〇〇商店及五億馬克之營業額。其中央批發部（Grosseinkaufs-u Produktions-A. (r. dtsch. konsumvereine 略稱（Gepag）同年辦理五、五〇〇萬馬克之發賣，其中七分之一是自己生產。

國社黨獨裁下之消費合作社 但最近自希特拉執政，乃將此等消費合作社變質於自己獨裁之下。蓋因消費合作社社員同時是工會會員，在政治上有很大的關係。故於一九三三年五月，在國社黨工會（Deutche Arbeitfront）首領勒博士（Dr. Robert Ley）之監督下，任命國社黨員爲各派消費合作社總會之幹部，以統一之。勒博士幷發表聲明書說：「德國消費合作社之兩個現存中央機關不許分立，應該合爲一個。而今後在合作社經營之機構上，不許以票決爲原則。」而同年八月舉行臨時大會，將德意志消費合作中央聯盟，及該聯盟之漢堡批發聯合會德意志消費合作社漢堡出版部，以及刻爾之消費合作帝國聯盟，該聯盟之批發聯合會等五者解散，而新產生國社黨獨裁之「德意志消費合作帝國聯合會」(Reichsbund der deulschen verbrauchergenossenschaften G. M. C. H (G. E. G.)) 以漢堡之前中央聯盟爲本部，其他爲支部，又將各機關報統一於「評論」(Rund-schau) 雜誌。

因此，現在德國之消費合作社已經被統一於唯一的中央會。根據該中央會的報告，現在消費合作社數總計一、二〇〇，社員約三五五萬人。以每社員之家庭人數平均爲五人計算，則其家庭人數爲一、五〇〇萬人，相當於全國國民之四分之一。

奧大利　奧大利合作運動是步趨德國合作運動的，大部份是信用合作社。一九二九年信用合作社數二、三〇三，其中一、七五八是雷發巽式農村信用合作社。而消費合作社估計約爲二五〇，其店鋪爲九〇〇。

此等合作社之中央會有三。第一是「奧大利產業及經濟合作中央會」以信用合作社爲主體，其餘各種合作社加盟。第二是「農業合作社中央會，」由上面農村信用合作社及其他酪農合作社家畜合作社販賣合作社等約二、五〇〇合作社組成。第三是「奧大利消費合作中央會，」

一九三一年統計包含有消費合作社二二二，生產合作社三七，建築合作社二三，信用合作社一六，等。

消費合作社　奧大利之消費合作社社員約二七萬人，大部份是勞動者階級及貧農。其總經辦額據稱爲一四七百萬奧國先令（約國幣四、四〇〇萬圓）。

此等合作社所根據之法規，主要是一八七三年頒布之奧大利合作法。這是倣照一八六七年之普魯士合作法產生的，但比之德國一八八九年合作法已先規定認許有限及無限兩種責任制。

奧國消費合作社發生於大戰以前，其外形步塵德國之合作社，但其發展頗遲。其原因蓋由於奧國之工業化落後，以及消費合作社社員多數同情於德國社會民主黨，多爲國粹論者所反對。但戰後新運動已能熱烈地進行。其有意義者爲近來奧蘇消費合作社間締結之奧蘇通商公司（Ratao），蘇聯政府出其資金之半額。又設立奧蘇輸出入合作社，由奧大利批發聯合會與奧國之勞動者銀行各出基金半額。

批發聯合會 Göc (Grosseinkaufsgesellschaft österreichischer konsumvereine)

該會計劃着收買維也納薪炭公司及肉類販賣公司的股票，企圖供給所有燃料及食料品等。一九三一年末，其總辦理額爲三〇〇萬奧先令（約二、五〇〇萬圓。）又勞動銀行乃於一九二三年設立，由勞働工會與消費合作社共同出資。據稱一九三一年末其存款金額爲四、八二八萬奧先令。

反合作運動　上面諸合作社都是在困難的經濟環境中能夠堅實的繼續進行。在大戰前社員數一五萬人，而至一九二六年已增爲二倍。但從一九三二年後，即受了空前的壓迫。消費合作社之剩餘金已被課稅，稅率是一分二釐，其不爲員外（社員之外）販賣者則減輕一釐。同時，因恐慌襲來而增加失業份子，一般大衆購買力激減，以及商人等乘機繼續激烈的反合作運動而強迫政府，一九三三年春，政府頒發緊急令增加課稅率，對於只爲社員販賣者之剩餘金課一分二釐，其爲員外販賣者則課二分五釐之重稅。而對於商人之利潤不過是徵收一釐至七釐五毫之累進稅。但商人之壓迫仍有加無已，進而強迫政府，卒於一九三三年解散議會，同時商業統制法亦適用於消費合作社。這委實是蔑視合作社的非營利主義民主主義的苛暴的法令。此時一九三四年二月內亂發生，社會民主黨被彈壓，消費合作社亦被認作社會民主黨的一派，而首腦者連那博士及國際婦人基爾特委員長菲洛茵利志女士皆被繫獄。於是合作社由政府任命的委員統率，正與德國國社黨的獨裁同一情勢。

第四節　比利時瑞士意大利及北歐諸國的消費合作運動

比利時　比利時的消費合作社是極具特色的。比利時毗鄰法國，其思想的交流素來密接，但她與法國不同，幾乎完全是一個工業國家。因此比國的合作運動唯一是消費合作，並且三分之二是勞動者消費合作社。

比國的消費合作社多採用羅去戴爾主義。但它含無鬬爭的要素，對於勞動工會與社會主義運動亦有密接的關係。故比利時的勞動者消費合作社被認作特殊的東西，被稱爲所謂社會主義的消費合作社。然則所謂社會主義的是什麽一種意義呢？李特教授列舉它的特徵爲：一、股款不給利息。二、階級的合作社，即社員以限於勞動者爲原則。三、無分紅主義。事業利潤或由原價販賣廢止去，或則作爲共同基金，用於爲階級全體的福利等是。而在最後之一點上，比利時的合作社已努力於任何一個勞動者的生活全面的改善，即如所謂「民衆之家」者，不僅作爲食料品的購入發售的機關，幷也是住宅之供給，食堂、劇場、圖書館、集會堂及音樂堂等一般大衆的社交教養娛樂的機關。

勞動者生產合作社　上述比利時的消費合作社乃發生於一八八一年間，但在此時以前，已有勞動者生產合作社。即因受了一八四八年法國二月革命以及當時白朗的「社會工場」的影響，而產了幾所勞動者生產合作社。但生命均不長久，其後在剛與布魯塞爾乃有慈善的消費合作社成立，但亦不久消滅。嗣一八六〇年國際勞動者同盟成立，合作運動亦已發生，但比利時仍在倡導生產合作社，對於消費合作社一般的關心甚少。而此時普法戰爭爆發，消費合作社的問題遂一時中絕。在普戰爭後，因急激發展的產業革命，惹起與他國同樣的勞動者階級的成立，和勞動者悲慘的生活，於是種種社會運動發生，同時本格的消費合作運動也纔得以出現。

勞動者消費合作社　其先覺者爲安瑟爾氏（Edouard Anssele），安氏於一八八〇年在岡（Grand）地方組織前進（Vooruit）合作社。這是安氏在倫敦爲船塢工人時，目擊英國的消費合作社，受了它暗示而組織的。最初糾合織物工人爲社員。事業先由麵包工場開始，旋進爲各種日用品的供給。於是對合作社不僅看爲單純的經濟組織，并且希望包括勞動者日常實生活的全部，合作社作爲圖謀勞動者的道德的、社會的、政治的地位之向上的東西。因此麵包販賣採市價主義，而所得利益概不分配紅利，用作共同的基金投於共濟事業。這成爲比利時消費合作運動的傳統的精神。繼之，一八八四年布倅塞爾的「民衆之家」（Maison du peuple），佐利豪地方進步（Progres）合作社等，跟着設立。前進合作社與進步合作社中均設置養老制度。「民衆之家」與前進合作社亦創辦藥品醫療設備。

中央機關　前述各合作社已普設於各地，遂於一九〇〇年組織中央會，一九〇二年設立聯合會。前者稱爲「比利時合作事務局」（Office Cooperative Belge），後者稱爲「比利時合作聯合會」（Federation des Societes Cooperatives Belges）兩者所屬的合作社都是無分紅主義，以解放勞動者爲目的，故都參加勞動黨，而對於選舉熱烈的應援。該聯合會又於一九〇七年經勞相互保險合作社（Prevoyance Sociale）（一九一三年保險費收入計生命保險二、六二七萬法郎火災保險八八七萬法郎傷害保險四四八萬法郎）後因歐洲大戰爆發，此等合作社更進行合同運動之有機的活動。蓋因大戰期間德軍侵入多數小合作社已失卻獨立的能力，故發生合同運動以期挽救。同時更由這般合同的大合作社及聯合會實現了素來重視的自己生產事業。又在集中合作社生產事業的目的上，一九二四年設立一般合作社（La Societe Generale Cooperative. S. G. C.）。因此，比利時的批發聯合會（F·C·B·）與英國的（C·W·S·）不同，祇營一部份的自己生產事業，大部份的生產事業都讓給一般合作社經營。一九三一年其生產額據稱爲三、四〇〇萬法郎。

另一方面勞動者生產合作社，業如前述早已發生，但不甚發達，只有印刷、木工、泥水匠等手工業者的合作社。此等合作社另外設有聯合會。（一九三一年末加盟合作社一九）

再則，爲供給此等合作社的生產事業及勞動工會的資金起見，一九二〇年在布魯塞爾市設立了勞動者銀行稱爲貯蓄貸付銀行（Le Comptoir de Depots et de prets）。

比利時的消費合作社雖標榜着社員一視同仁自由加入，但因它的政治的性質，故除少數中產者外，幾乎全是勞動者。一九三〇至三一年間，中央會加盟的合作社計五四所，但屬有一、一四四家店鋪及四一三「民衆之家」。社員共約三十萬，家族員估計達百二十萬人。此外尚有平民消費合作社五十五所，社員十二萬人。

農民合作社　在比利時農村間，有羅馬消教徒指導的農民（Boerenbond）合作社。這是農村消費合作社，又兼爲原料購買合作社及信用合作社。一八九〇年創設於盧濱，現已有一、二〇〇合作社，及一三萬社員，爲比利時合作界的一大支派。

瑞士　瑞士因地勢關係，是一個遍佈手工業都市的農業國。因此消費合作社和農業合作社都同樣地發達。在此兩者間也有相當交易關係存在，而在一般的及政治的見地上又各不相同。但兩者的合作社都是自治的，并不依賴政府。

消費合作運動　瑞士消費合作運動主要在北部地方，并且發展到最高度。以人口四百萬的小國，而合作社有五百餘，社員達三十八萬，其比率實倍於比利時（瑞之人口百人中合作社員十八人而比利時爲五人）。消費合作運動最初的動機，便是一八四五年的災荒中物價騰貴和一八四八年間遍襲全歐的不景氣，使人民生活困難的兩種原因引起的。

一八四六年設穀物合作社於巴塞爾，是一種購買合作社。此後各地也遍佈設立，但因穀價縮漲無已，頗受損失，經濟趨於困難而解散。他們都是中產者階級。但於一八四八年又設立了絲紐職工們的合作社，稱為「巴塞爾一般勞動者協會」，這是他們因增加工資運動失敗了，而做上述的穀物合作社組織的。但也因拙於經營而失敗。

一八五〇年，柏克利（Karl Bürkli 1823—1910）指導下的傅利葉派份子在接近法國的湼沙忒爾（Neuchâtel）地方組織了一所消費合作社。次年沮利克（Zurich）地方亦有同樣的設立，為正式用消費合作（Konsumverein）的名字的最早者，今日仍尚存在。

羅去戴爾式合作社　最初創辦者士璜丁市，是黎斐爾氏（Jenny Ryffel）指導他的織物工廠工人所組織的。不久擴張至全國各地。其中以在巴塞爾市「巴塞爾一般消費合作社」發展最大，成為中心的合作社。蓋一八六四年巴塞爾市絹帛製造業因流行的變化大受打擊，勞動者生活頗形窮困。故在一八六五年勞動者大會中，乃有組織羅去戴爾式消費合作社的提案提出，當即決定設立初時社員不過二百十五人，以股款買入日用品而已，但卒能偉大發展，至一九〇〇年已有社員一七、〇〇〇人，一九一〇年增達三三、〇〇〇人，爲西歐最大的合作社。今日巴塞爾市市民十四萬五千人中不屬於合作社社員的家族不過六千人，幾乎是全部市民都已參加合作社的狀態。住宅的事業方面，一八八三年設置勞動者災害保險，此外并有貧民、孤兒、病人救濟事業，學童食物供給，病院等設備。

中央會　此等維去戴爾式合作社以巴塞爾市合作社爲中心，於一八九〇年組織「瑞士消費合作社中央會」（V.S.K.），一八九二年附設批發部。當初加盟合作社數不過一百左右，一九一〇年增至三六九，大戰後一九二〇年增至四九三，至一九三二年遂有五二九社，社員人數達三八萬人。以每一社員的家族人數爲四人計，正當全國人口百分之四十。嗣又增設銀行部、保險部、及生產部等，其所屬合作社總販賣額達約三億法郎，其中一·七億法郎爲批發部的經辦額。

該中央會所屬合作社社員多是勞動者階級，但中央會指導者乃是自由主義派份子。其中穆勒博士（Dr. H. Müller）也是國際合作運動熱心的指導者。

此外有東瑞士農業消費合作聯合會，一九三二年末所屬合作社數二九〇，批發額三千萬法郎。另有基督教主義者的消費合作社，它的聯合會稱爲 Konkordia，一九三二年有合作社五十一，批發額四百萬法郎。

反合作運動　但消費合作運動發展，結果卒至引起了反合作運動。即因個人商人請求，聯邦政府在一九三三年十月發布商業限制令，限制百貨店及大商店的擴張，消費合作社也在被限制之列。凡連本店鋪，有四間以上的支店，其僱傭使用人員在十人以上時，若關於食料品靴類的販賣設立新支店者，須得呈請許可。這是反合作運動的第一步，而合作運動者正大加警戒從事抗議的運動。

意大利　意大利的合作社表現有種種形式，即消費合作社，信用合作社，勞動者生產合作社，農業共同經營合作社，建築合作社，保險合作社，及共濟合作社等。此等合作社的大部份，於一八八六年組織「全國中央會」(Lega Nazionale) 於米蘭市，至一九二一年加盟的合作社約有八千社。其中消費合作社三、六〇〇，勞動者生產合作社二、七〇〇，農業合作社七〇〇，其餘各種

合作社占一、〇〇〇全部合作社員據報約二百萬人

消費合作運動 此等合作社中之最早發生的是消費合作社。一八五〇年托里那市設立「一般勞動者合作社，」該社在一八五四年間物價騰貴時，曾設立一種購買部，以供給社員日常用品。這就是意大利消費合作社的嚆矢。它的思想便是由瑞士沮利克合作社的傅利葉派諸人的思想學來的。該地另有鐵道職工們組織的消費合作社。此兩種合作社在一八九九年聯合組成「托利那同盟會，」算是今日世界上成功最大的合作社之一。這些合作社原來都是採用原價販賣主義，至一八六一年始由維幹諾（Francesco Vigano 1806—91），傳授羅去戴爾方式。後此一八七九年米蘭市鐵道職工消費合作社設立時，正值布馥利（Luigi Buffoli 1850—1914）由英國歸來，亦傳授羅去戴爾方式。此等合作社在一八八九年約有六〇〇社，至一九一一已增為三倍計一八〇〇社，其社員數估計約五〇萬人。

法西斯獨裁下的消費合作社 歐洲大戰期中，此等合作社在政府財政援助之下，負擔很多公務，但至戰後法西斯黨握得政權，所有合作社頗受打擊，或被強制加入法西斯的聯合組織，或被

命令解散，頓陷於混亂狀態。一九二五年全國中央會也被命令解散，翌年另成立「法西斯合作事業全國聯盟」(Ente Nazionale Fascista della Cooperazione)，由作爲單純的統制機關而成爲法西斯主義下的指導監督機關。於是意大利消費合作運動乃開始走向另一個新時代。最初，法西斯政府誤認消費合作社思想和馬克思主義有關聯，而加以彈壓，其後始認識消費合作社對於國民經濟上有重大的價值，纔採取扶助的政策。并設立合作訓練所發行機關報，一九二八年在羅馬舉行展覽會。根據政府最近報告，意大利消費合作社數(一九三二年末)計三、〇〇四所，社員約六六萬人，全年營辦額爲一三億里拉(約三億萬圓)。但此等消費合作社幾全部集中於意大利北部及塔斯卡尼等工業地帶，而在中部及島嶼地方的總計不過一千餘社。

這是一九二〇年以前已甚發達的意大利合作運動也在法西斯政治之下受了壓迫。尤其是勞動者消費合作社及農業共同經營合作社等左翼的東西，或被彈壓或被勒令變質了。

丹麥　丹麥被稱爲合作共和國，尤以農業合作社最爲發達。但這裏先將消費合作社敍述如次。

丹麥的消費合作社　丹麥最早的消費合作事業據說是一八九〇年柯本哈徑勞動者試嘗的日用品共同購買但正式的消費合作社要算是一八六六年宋涅（Christian Sonne 1817—1880）在烏蘭半島提斯帖市所創設的消費合作社。宋涅是一個基督教牧師對於羅去戴爾式合作社頗有心得，當時他痛感他教區內貧困的勞動者們的經濟狀態妨害他們的精神生活，乃對他的信徒們講述英國的消費合作運動。後來不久便在提斯帖市設立了丹麥最早的消費合作社。這種運動最初發生於都市勞動者階級，自一八八〇年後乃廣佈於農村各地。一九〇〇年，據說一、七八四合作社店鋪中僅有八〇所存在城市地方。此等合作社皆採用有限責任制，社員總數計三三萬餘人。

一八八四年在西蘭島設立共同批發合作社後又增設於烏蘭島，一八九六年兩處合併而稱爲丹麥批發合作聯合會（F．D．B．），成爲全國的機關。其後頗爲發達，在大戰前共有一萬四千合作社，戰後增至一萬七千餘社。爾後無多變化，一九三二年末計有一萬八千社，社員三一萬人，約當丹麥全國戶數百分之四十以上。丹麥各消費合作社對於批發聯合會支持頗力，爲歐洲各國所取法。各合作社販貨額中之四分之三向聯合會批買。聯合會本身分銷額，一九三二年超過三十五億谷羅錄（Krone 銀幣），其中約百分之二八是自己生產。

瑞典　瑞典的合作運動從本世紀開始。各種農業合作社都有設立，但以消費合作社最爲發達。

合作教育機關的中央會亦於一八九九年組織成立，旋又繼續設立批發部。爾後自己生產事業頗爲發達。一九三二年末，中央會加盟合作社爲七八六社，社員五十一萬餘人，其中半數以上是勞動者階級。因國情關係，合作社是屬於農村的，而對政治取中立態度。

諾威　諾威的合作運動也是晚近發生的。最初採用羅去戴爾式的消費合作社，是一八九四年渥·迭黎（O. Dahli 1870—1924）所倡導設立的。其中央會和批發聯合會合爲一體，設立於一九〇六年。此後逐漸發達，創辦各種生產事業，并設置銀行部及保險部等。消費合作社大部份是農村的，一九三二年末計有合作社四四七所，社員十二萬餘人。對政治也是採取中立態度。

再則丹麥瑞典諾威三國的批發聯合會於一九一八年聯合組織「斯干的那維亞（Scandinavia 批發聯合會」設本部於柯本哈徑。

第五節　俄國消費合作運動

俄國的合作事業　俄國是世界上一大農業國，即在今日人口的百分之八十五還是從事農業(一九二六年國勢調查)。而斯拉夫人種和日爾曼人種同樣的從古代以來就養成了合作的精神。因此俄國一切合作事業都很發達，並且它的特徵，一切合作事業的基礎都建築在農業之上。在革命期間一九一七年末主要的合作社計有信用合作社一六、四七七(社員一、〇五〇萬人)消費合作社三五、〇〇〇(內八五%是農村消費合作社，社員共計一、一五五萬人)農業合作社七、五〇〇(內五、〇〇〇爲酪農合作社)。但革命後給與此等合作社重大的變革。即信用合作社被統制於國立中央農業銀行(一九二四年設立)，農業合作社則轉化爲所謂農業亞帖爾(Artel)及柯爾霍芝(Kolkhozi)，作國家社會農業的分擔者，關於這裏容待後述。

現在消費合作社實際上被認作國民生活必需品國家的配給機關，因此造成他國無可匹敵的發展。一九三三年一月計有社員七、三一〇萬人，其中市民三五〇萬人（三二%），農民四、九六〇萬人（六八%），零賣店鋪一九九、〇〇〇所，從業員四一六、九九二人，一九三二年之總售賣額計二一〇億盧布。

俄國近世史 俄國的近世史即由一八五四——五六年克里米戰爭出發與中世紀分界，直至發生產業革命發展資本主義經濟。俄國產業的革命要素便是農奴解放，鐵道發達，及踏進貨幣經濟。

農奴解放 一八六一年至六六年間，亞歷山大二世實行解放農奴，約四千萬農奴一時化爲自由農民，但因地主要求賠償金，於是五份之四由國家支付，而五份之一則須農奴自行償還。前者以繳納給國家的定期納稅作爲賠償費，後者便多成爲個人負債。故解放農奴的結果，排除了封建地主的賦役制，而代替以農民負擔重大的債務，變爲近代式的債奴。爲此生產物要求貨幣化，貨幣經濟遂呈急激地發展。

又地主制雖已沒落，但代之而起的米爾制度（Mir 農業土地共產體）的勢力強盛，強制的農耕制度依然存續，因此生產力還是停滯不進。

再則當時地主皆利用農奴在各地方經營小工廠和世襲工廠(Stammfabirik)，一八五〇年其數已達九、八四三所，嗣因解放農奴乃告衰滅，於是發生了代替的資本家經營的工廠，和代替農奴的工錢勞動者階級。

鐵道的發達　俄國最初的鐵道，一八三〇年敷設於比德格勒至擦斯科業·謝羅(Tsar-koe Selo)間，一八四三——五一年乃完成比德格勒至莫斯科間的軌道。不過鐵道事業的發達乃在克里米戰爭之後。鐵道的長度，一八五七年不過九九七俄里，但至一八七〇年增至三、五四三俄里，一九〇五年則已達四一、七二四俄里。而西北利亞鐵道亦自一八九〇年開始建築。因此，貿易上的發展是不待言的。(一俄里約中國三百四十丈)。

貨幣經濟　俄國之由自然經濟轉入貨幣經濟，自一八六〇年帝國銀行成立至一八九八年實施金本位制，遂急速地進展。而原來的高率關稅，自克里米戰爭後，稅率已經減低，幾已成了自由貿易，故雖此後一八七七年起復施保護關稅政策，但當時俄國貿易上已呈顯著的發展。一八六一至六五年間平均每年有一・八億盧布輸出額，一八九一至九五年間增至六・三億盧布。其中百分之七十以上爲農產物主要品爲穀類與亞麻、大麻、牛油等。而因國庫收入尙欠充足，更從事於計劃農業的發展。這就是一九〇五年維特（S. J. Witte 1849-1915）開始的，斯脫歷賓施行的農地制度大規模的改革。廢止原來米爾（Mir）共有土地制度，設立了農民私有土地，從一九〇六年至一一年間經過數次法律頒布施行。這是個人主義的自由思想的表現，結果使農業生產力顯著的增大了，但同時成爲農業合作運動發展的基礎。

產業革命　俄國的產業革命也是綿布工業最先勃興，一八四〇年間開始使用機械力，一八七〇年後便正式發達。茲略舉下表，以俾參考：（表十七）

表十七　a. 機械工具輸入額（單位百萬盧布）

年代	一八六一—六五	六五—七〇	七〇—七五	七六—八〇	八一—八五	八六—九〇	九一—九五
輸入額	八・四	一九・八	三二・二	五三・五	三三・〇	二〇・四	一二七・〇

b.工廠從業者數與家內從業者數（綿工業）

年代	一八六六	一八七九	一八九四—五
工廠從業者數	九四、六〇〇	一六二、七〇〇	二四二、一〇〇
家內從業者數	六六、二〇〇	五〇、二〇〇	二〇、五〇〇

c.工業勞動者數

年代	一八八七	一八九〇	一八九七
企業數	三〇、八八八	三二、二五四	三九、〇二九
勞動者數	一、三一八千人	一、四三五千人	二、〇九八千人

一九〇四—五年間日俄戰爭發生失敗的結果，社會動亂勃發，產業革命一時遂被阻礙，但由此社會的思想得以急激的進展。而一九一四年世界大戰爆發，繼則一九一七年國內發生革命，克林斯基（A. F. Kerenskii）政府成立，旋不久又發生十一月革命，而建立蘇維埃政府。至一九二一年蘇維埃政府頒布新經濟政策，一九二五年突施高率關稅，更自一九二八年後先後實施第

一次及第二次的經濟五年計劃。

在這種情勢之下，俄國消費合作運動是得了怎樣的發展呢？這可以分爲由一九〇五年以前爲第一期，一九一七年革命以前爲第二期，和蘇維埃政府建立以後爲第三期來觀察。

一九〇五年以前的消費合作社 俄國消費合作社是跟着上述一八六〇年間農奴解放和近代產業革命的發展而發生的但它最早的，便是受了許爾志影響的平民消費合作社。即一八六五年有德國人在波羅的州里加市設立消費合作社，同年可斯脫洛馬（Kostroma）縣的多羅伐脫夫村（Dorovatov）亦設立許爾志信用合作社。翌年，聖彼德堡等處亦設立消費合作社。而同時最初的農業合作社（製酪合作社）亦已發生。於是一八七〇年已有四五十所消費合作社產生，但大多爲德國人中一部份有識者所開設，尚未有因自覺而設立者。但至一八七〇年，烏拉爾地方產生了勞動者消費合作社，尤以基諾夫（Kynov）工廠所設消費合作社爲著名，它第一年度即已有一萬一千餘盧布的經營額，不過該社祇是該廠廠主爲作慈善而設的單純的購買合作社。

一八九〇年後，工業益益勃興，自然經濟轉化於交換經濟，農民生活也漸漸被支配於貨幣經濟中。於是，都市與農村間都設立了許多合作店鋪，其數目在一八九七年已達三〇七所，內中在農村者五七所。此時因遭遇一八九一年空前的饑饉，襲來物價暴騰，乃益促使消費合作社的發展。只是都市勞動者的消費合作社尚未產生。

嗣於一八九八年設立批發聯合會「莫斯科消費合作社聯合會」，但社員總數在一九〇〇年尚不過二五萬人。故在一九〇五年以前，俄國消費合作運動與勞動運動之關係極薄，只是少數有識者的嘗試，或是工廠經營者當作慈善的設施。蓋以社會的條件尚未成熟，勞動者階級也還沒有自覺。而合作法尚未頒布，各合作社都被支配於任意的行政之下，事業進行多被妨礙。如集會、出版、宣傳或聯合運動等，均遭禁止。

一九〇五年的革命 一九〇四——五年間日俄戰爭及革命先後爆發。革命運動雖已失敗，但因革命的結果，給與原來的專制政治以反省，對於經濟運動的壓迫已見緩和，因之消費合作運動也獲得發展的地步。並且國家也自動撥發資金以發展農業信用合作社。再則社會運動的份子，因革命後政府對於政治運動嚴厲取締，大家都改變方針，從事合作運動，而從消費合作社來圖勞動者解放。

其中主要派別即所謂「納羅東尼基」(Naro lonniki「爲農民」之意一八六〇年產生之思想的集團)的份子，一九〇一年組織社會革命黨的黨羽。他們在一九〇五年革命中，一九一七年革命中都是中心的勢力。但他們認爲農民是唯一的革命的要素，故後面所述農業合作社的發達上，他們倒是擔當了很大的努力。

一九〇五年至一九一七年間的消費合作社 總之，以一九〇五年爲轉機，戰後的物價騰貴，致使一般民衆對於消費合作社深爲關心，此後消費合作社急速地設立不少。

年次	合作社數	社員數	總辦額
一九〇九(一月一日)	九五〇	二一五萬人	一・一億盧布
一九一四(同)	一〇、〇八〇	一四〇	二・九(約爲國內零賣總額之七%)
一九一八(同)	二五、〇〇〇	一・一五五	一六・〇(約零賣總額之四六%)

不過其中大多數是農村消費合作社，尤其是一九〇五年以後，比都市的合作社更爲急速地

發達，將占全體百分之九十。這是他國沒有的現象，而於觀察俄國消費合作事業時，可以特別注意之點。它的原因，即俄國是一個農業國，人口百分之八十五以上是農民，且農村的構成是部落的密集制度，這對於消費合作社的成立及發展上是良好條件，再則因為俄國農村間商人的行為也最為橫行跋扈。（表十八）

表十八　一八九七——一九一四年間俄國消費合作社的種類及其比率

種別＼年 一月一日	一八九七 實數	一八九七 百分比	一九〇二 實數	一九〇二 百分比	一九〇五 實數	一九〇五 百分比	一九一一 實數	一九一一 百分比	一九一四 實數	一九一四 百分比
農村消費合作社	五六	一八%	二三三	三三%	三六八	四〇%	五、三三〇	七七·六%	八、六四一	八五·八%
都市市民消費合作社	九七	三二	一八〇	三一	二五七	二七	六八三	一〇·二	六七七	六·七
工廠消費合作社	九二	三〇	一五九	二七	一七八	一九	六二〇（工廠、鐵道合計）	九·二	五二三	五·一
鐵道消費合作社	二五	八	三三	六	四六	五		一·三	五九	〇·六
勞動者消費合作社	〇	〇	五	一	三	〇·三	八六	一·七	一〇〇	一·〇

公務員消費合作社	三七	一二	六七	一八	八四	八·七	三三	—	八二	○·八
計	三○七	一○○	三七七	一○○	九六八	一○○	六、七三○	一○○	一○、八○○	一○○

因此這些消費合作社尚未採用羅去戴爾式，都是原價販賣主義，且做賒賣交易。當時合作法尚未頒布，政府對於聯合運動，還是可能的禁止態度。

但自一九一四年發生歐洲大戰，使消費合作運動得再度發展。如上表所載，戰前一萬餘消費合作社，戰後激增至三萬五千。若比之他種合作社，則在一九一四年末至一七年末三年間，各種合作社平均增加率為六○%，而消費合作社實是增大一三○%，他如信用合作社不過增加一五%而已。（表十九）

表十九　俄國各種合作社發達比較表

種別＼年／月／日	一九○二一一	一九○五一一	一九一四一一	一九一五一一	一九一六一一	一九一七一一	一九一八一一	一九一九一一
信用合作社	八三七	一、四三○	三、七五三	一四、三五○	一五、四五○	一六、○五七	一六、五○○	二六、五○○

消費合作社	六〇〇	九五〇	一〇、〇八〇	一〇、九〇〇	一五、〇〇〇	三〇、〇〇〇	三五、〇〇〇	四〇、〇〇〇
農業合作社	九七五	七〇〇	五、〇〇〇	五、〇〇〇	五、五〇〇	六、〇〇〇	八、五〇〇	八、五〇〇
酪農合作社	五〇	三、〇〇〇	二三、〇〇〇	三、七〇〇	二、八〇〇	四、〇〇〇	三、〇〇〇	五、〇〇〇
生產合作社	—			六〇〇			一、八〇〇	
計	一、六二五	五、〇八〇	三八、八三〇	二三、五五〇	二九、七五〇	四六、〇七〇	五四、五〇〇	八〇、〇〇〇

何故祇是消費合作社有這般顯著的發展呢？主要原因在於戰爭的進行和生活必需品價格暴騰，使一般人深覺共同購買的利益，再則由於政府因戰時經濟上的食糧統制關係，發食糧票實施物品配給制度，而消費合作社也被作爲配給機關。（食糧票一九三四年漸漸撤囘）

合作法　處於此種重大發展之下，一般合作運動者都感覺合作法有制定的必要，而屢向政府請願。初於一八九六年在尼尼·諾夫哥洛（Niyni-Novgorod）開全俄消費合作大會，議決要求制定合作法，次則一九一三年舉行第二次全俄合作事業大會，選出委員起草法案，遂於一九一五年提出於帝國議會，嗣於翌年稍經修正而大致通過，但政府仍然不願合作社自由活動，遂將該大致通過的法案完全推翻，蓋恐怕合作社成爲革命運動的溫床之故。因此，合作法在帝政時代終於不能頒布。

但一九一七年二月十二日，帝俄政府顛覆，克林斯基政府成立，政府中的中心份子都是熱心於合作運動的社會革命黨，於是，政府企圖合作事業的自由發展，遂於同年三月二十八日，將上述一九一六年在帝國議會大致通過的合作法案作爲法律公佈。不過，同年十月又再度發生革命，蘇維埃政權樹立，合作事業也被根本的從新改組。故一九一七年的合作法，實施不過半年，壽命是很短促的，但在世界上算是很優良的合作法規。

聯合運動　然在這種情勢下，因實際的要求，也就最先發展了批發事業的聯合會。即是，前述一八九六年尼尼·諾夫哥洛大會中已議決批發聯合會有設立的必要，其結果，一八九八年最初成立上揭莫斯科州消費合作社聯合會，旋在各地也同樣設立，至一九一七年三月，已共有二五六所地方聯合會。

如是，更進而有統轄全國的中央聯合會的要求，卒於二月革命後，一九一七年六月以莫斯科聯合會作爲中央機關即聯合會的聯合會，今改名爲消費合作社中央聯盟，即 Centrosoyus。其後也就是指導及教育的中樞機關，而發行雜誌或刊布叢書，及經營合作學校，舉行講習會等，努力於合作思想的普及發達。旋不久蘇維埃政權樹立，俄國的合作事業遂受根本的變革。

革命後的消費合作社 一九一七年十一月七日蘇維埃政權樹立後，革命政府對於合作運動是怎樣的意見呢？原來合作運動的指導者，在農村合作社方面是社會革命黨，在都市勞動者消費合作社方面便是社會民主黨，兩者都屬於孟塞維克派(Mensheviki)。而現在布爾塞維克(Bolsheviki)政權成立，並且在所謂戰時共產主義時代，對於原來一切政治經濟組織都加以取締破壞，企圖樹立新的制度，那末對於這些合作社組織，似亦應在否定之列了。可是什麼都講求實際的列寧深能理解合作運動的社會的意義。即合作社是因時間因空間而變化，在適應化的東西，在資本主義社會的合作社，即陷於資本家的制度，但在社會主義國家的合作社，又能適應國家的大勢。尤其當時革命後的社會狀態，雖說是政治的及經濟的組織斷行了很本的變革，但關於現實的生產及物品配給上究應如何進行還未解決，於是決擬利用合作社，特別是消費合作社，作爲國家的物品配給機關。因之，遂於一九一八年四月十二日頒布關於消費者合作社的法令，而規定（一）強制全體國民加入消費合作社，（二）每一村里只許有一個消費合作社，（三）一切消費合作社，強制加入所屬縣聯合會，更應統一於消費合作社中央聯盟等。但一九二一年新經濟政策實施，認許自由交易的結果，同年四月七日的新法令上，乃新承認（一）合作社社員得自由出資（二）在同一消費合作社的內部，得自由設立（因而加入也得自由）較狹地域的單位的合作社（例如農業小合作社等），及從事同一職業者的合作社（如勞動者消費合作社等）。不過一般上仍然有強制加入的規定，故合作社的自主制是被喪失了，這無異於停止了合作社的本質，即合作社被認作國家的行政機關，阻塞了合作社社員自發的活動的精神，而致對合作社的關心變爲冷淡，合作社事業陷於不振。但反之，另外准予自由設立的如農業小合作社及勞動者消費合作社，則頗表現活潑的活動，這是證明強制加入的不可。再則至一九二三——四年，個人商業勃興，消費合作社完全被商人壓倒。於是政府也深爲覺悟，卒於一九二四年五月二十日發布新的消費合作法，實行根本的改革。這是原來的自主的合作事業再度復活。

俄國消費合作社現狀　一九二四年的合作法，先將一九二一年合作法廢止而新規定（一）消費合作社得自由設立，同一村里內也許可設立二個以上，但為防止過小的合作社起見，社員須在三十人以上。（二）社員得自由加入及退出。（三）社員必須是在憲法上有蘇維埃選舉權者。（四）社員負繳納入社費及股款的義務，但便於貧乏容易加入起見，入社費定為五十銅元(Copeck)，股款額每股在五盧布以下。（五）消費合作社加入聯合會與否及聯合會加入消費合作社中央聯盟與否，聽其自由。

如是，一九二六年末俄國消費合作社的狀況如左所示：

	合作社數	分銷所數
農村消費合作社	二六、六九七	四四、〇五二
都市勞動者消費合作社	一、五五六	一四、七一二
運輸勞動者消費合作社	三八	一、九五八
縣聯合會	二四八	

州聯合會	六
自治共和國中央聯合會	五
消費合作社中央聯盟	一

它的系統即是單位合作社有農村消費合作社，都市及勞動者消費合作社，與運輸勞動者消費合作社三者；中間的聯合會有地方及州聯合會；中央機關則有消費合作社中央聯盟。但勞動者及運輸勞動者消費合作社，直接統屬於消費合作社中央聯盟的勞動者合作部。

此等消費合作社及消費合作社中央聯盟，擔負國家賦予的兩種任務：即一、提供國家工業製造品於農民而交換農產物；二、承食糧人民委員會之命而配給食糧於全國國民。又自新經濟政策施行後，因得自由出資的認可，遂可從事自己生產事業及由自己計算的販賣購買。

如上述，一九二四年頒布的合作法，似乎已經復活民主主義組織，不過基本不同之點，便是爲外廓的社會條件由蘇維埃政治的組織所規定着。即如上述第三項的規定便是有重要的意義的，限於有蘇維埃選舉權纔得爲合作社社員，即是有階級的意義。蓋在蘇維埃能享有選舉權者只是農民及勞動者，其不勞而獲的生活者或榨取他人的勞動及商業者等都沒有選舉權，因之不得為合作社社員。故現行法，可以說是賦予蘇維埃消費合作社很好的特質的。再則在農村上，認為沒有選舉權的未成年者也有加入的必要，因此特於一九二八年一月十一日為着農村消費合作社，改正法律，允許十六歲以上的人得加入為社員，祇是不得做合作社的職員。

由此以後，俄國消費合作社頗呈驚異的發展。即自一九二四年十月至一九二九年十月五年間，店鋪數由三五、七〇〇增至一一〇、四六二，社員數由七〇九萬人增至三、三四七萬人，股份額由一、五九〇萬盧布增至三七、四九〇萬盧布，而每一年的辦理額由一三·八億盧布增至一九二盧布。適占國內貿易的零賣總額百分之六十三。再則消費合作社聯合會更經營穀物倉庫、冷藏設備、製粉所、麵包製造所、罐頭工廠、肥皂工廠等。一九二九年各工廠數計九千六百所，職工計十三萬九千人，生產品約值一五·五億盧布。又在文化方面，則設置幼稚園、遊樂園、圖書館、體育館、俱樂部等，同時又經營學校，發行刊物等，蓬勃進行。茲為明瞭此等發展情形起見，分別表示如左：（表二〇——二二）

表二〇　俄國消費合作社之發達

年次	社員數（萬人）	店舖數（千個）	股款（百萬盧布）	批發額（億盧布）	零賣額（億盧布）	公共給與（億盧布）
一九二四	七〇九	三五·七	[illegible]	二四	—	—
一九二五	九四四	四九·七	[illegible]	三六	—	—
一九二六	一、二四一	六三	四九	四四	—	—
一九二七	一、六九九	七三	七六	五〇	五三	〇·七
一九二八	二、二五八	八五	一七二	七五	七〇	一·三
一九二九	二、三四七	一一〇	三七五	一〇三	八八	一·八
一九三〇	三、七八二	一一九	六八一	一〇二	一一三	一〇·二
一九三一	五、五〇二	一三九	八九〇	一七七	一七三	一九·五
一九三二（一月）	七、二九五	一六七	一、三七九	一〇一	二二〇	二六·九
一九三三（一月）	七、三〇〇	二〇〇	一、九五五	（預定）一三〇	（預定）二二四	（預定）三五·九

表二一　合作社員對（a）人口及（b）戶口數的比率

年次	一九二四	一九二五	一九二六	一九二七	一九二八	一九二九	一九三〇	一九三一	一九三二
都市（a）	三四·一%	三九·二	五〇·七	—	—	—	—	九五·二	九六·〇
都市（b）	—	二八·〇	四四·〇	四七·〇	四九·〇	七〇·〇	—	—	
農村（a）	一八·二	二二·七	二九·九	—	—	—	—	六三·四	六九·〇
農村（b）	—	二六·〇	三〇·〇	三一·〇	三八·〇	四六·〇	—	—	—

表二二　俄國國內貿易中國家合作社個人商人各經辦額之比率

年次	一九二四	一九二五	一九二六	一九二七	一九二八	一九二九	一九三〇	一九三一	一九三二
國家	三一·〇%	三五·五	三五·〇	三四·〇	三一·二	三一·〇	三〇·〇	二八·〇	三〇·〇
合作社	二八·二	三七·五	四一·〇	四四·〇	五七·五	六二·八	六四·〇	六七·〇	六六·〇
個人商人	四〇·八	二七·〇	二四·〇	二二·〇	一一·三	六·二	六·〇	五·〇	四·〇

第六節　美國及加拿大的消費合作運動

美國　美國的消費合作社幷不怎樣發達。蓋因近年美國資本主義無限制地擴張，勞動者生活裕餘，享有充分的工錢，所以對於這種生活的消極方面是不大關心的。因此在美國倒是與合作主義相反的生存競爭很爲熾烈。從而農產物販賣合作社呈現非常的發展，現在消費合作社數計二千，社員約二十萬人，而販賣合作社則有一萬一千五百，社員有二百萬人。故稱美國的合作社即是販賣合作社（Cooperative marketing association），也非過言的。

消費合作社的萌芽　美國的消費合作社發生頗早，即一八四四年波士頓市裁縫師葛爾貝克(John kaulback)已組織了一所購買俱樂部。次年便設立了以它爲中心的消費合作社，稱爲「勞動者保護協會」(Workermans Protective Union)。嗣於一八四九年改稱「新英倫保護協會」(New England Protective Union)，社員共有五千餘人。但因發生內訌，不久即告解散，代之而起的爲「美國保護協會」(American Protective Union)，到一八五七年，其數已達七千，以馬薩諸塞州(Massachusetts)爲中心，交易範圍遍於十州，幷遠及加拿大。但後來因一八六一年南北戰爭爆發，社員大多數加入兵役出征，協會於是瓦解，但現在還留存二、三個店鋪。

農家祕密協進運動　南北戰爭過後第二次產業革命發生，美國資本主義於是急激進展。但此時所謂「農業的保護者」(Patrons of Husbandry)的農家祕密協進運動(Granger)也就爆發了，(一八六七年)這是以增進農民的利益為目的而結合的全國祕密結社的合作運動。在美國南部及西部頗形發達，設有銀行，保險公司，倉庫及販賣店等排擊各種獨占制度，尤其是由於鐵道獨占的暴騰的運費但因資金不足和不善經營，以及一八七三年發生的恐慌種種原因，而致消滅，至一七八五年幾已絕跡。後此又發生了「勞動騎士團」(Knights of labor)的合作運動。這原來是勞動工會但在它的綱領中排除工錢制度而主張共同購買及生產合作。至一八八一年經已設立百數十個工會但因一八八六年「米國勞動聯合會」(American Federation of Labor)成立，勞動騎士團瓦解，這些工會也同時歸於沒落。要之這兩種運動都以合作事業為次要的東西，未嘗不是它失敗的原因。

一八九〇年以後至一九一〇年間，美國消費合作運動進於休止狀態。只是在各處若斷若續地一些外來僑民做傚母國的消費合作社而組織的而已。

美國消費合作社現狀　美國消費合作社本格的發生，始於在紐約組織的消費合作同盟運動。

該同盟出版多種刊物，努力宣傳合作思想，又自經營二、三所帽店及製帽工廠，會員大部份是猶太人，但不久即告解散，嗣於一九一五年其會員們又組織「合衆國消費合作聯盟」(Cooperative League of U.S.)，一九三一年計有三九〇個合作社，及社員十五萬人。事業主要是教育，并刊行機關雜誌「合作」(Cooperation)及其他出版物多種。

又有北部諸州消費合作聯盟，加盟合作社約八八個，社員約五萬人。另設有批發聯合會，其辦理額每年爲二百萬金圓。

再則東部諸州亦有消費合作聯盟，規模較大，計有合作社二十四，社員一萬三千人。一九二九年設批發聯合會於馬薩諸塞、紐約、新澤稷(New Gersey)及康涅狄格(Connecticut)諸州。其較大的合作社，主要經營飲食店，食料店，及金融，住宅等事業，社員多半是勤勞者。

在中部諸州有炭坑工人的小規模消費合作社，遍佈於婆羅明敦(Bloomington)，意利諾

(Illinois)諸州，其中十三個於一九一五年組織中部諸州消費合作聯盟。又於一九一九年在東中部地方設批發聯合會。

在農業者間也有兩個大的消費合作團體。一在內部拉斯加(Nebraska)，一在西雅圖(Seattle)，兩者都經營批發聯合會。尤以內部拉斯加的聯合會「Farmers' Union State Exchange」為美國最大的批發聯合會(C·W·S)，每年經辦額達二百萬金圓。

要之，美國消費合作社不甚發達，其理由即如上述，多是為了生活上裕餘的緣故，再則也由於國民性的關係能現在合作社半數以上是在外國出生的移住者所設立的，就中尤以芬蘭人為多。消費合作社總數十年前據說約有三千，但今日(一九三二年末)不過二千而已。但在社員，經辦額及聯合組織等方面，尚有進步的可能。

此等消費合作社約有一半是小都市及農村間的雜貨及農業用品購買合作社。現在農村購買合作社計有五百個，一九三二年經辦總額達一億金圓以上。此外有四百個乾物及食料品店鋪，九百個油購買合作社，及其他餐館、製麵包、牛乳、住宅等合作社。這些合作社每個都是基於單純的利用觀念，幾乎沒想到雜去戴爾式的理想。

因之都市間的住宅合作社在美國特別發達，這是可以注意的。以紐約市為中心，現有合作社二十個，投資總額達二千萬金元，建造住宅租給社員。再則這些消費合作社及住宅合作社間，伴有不少金融合作社，一九三二年末計有一、六五〇個。

加拿大　加拿大和美國同樣，消費合作社發展頗遲。一九〇九年設立「加拿大合作事業中央會」(Cooperative Union of Canada)，當初只有合作社七個，至一九二九年乃有三十一個，及社員一萬餘人。但此後事業不振，一九三二年末中央會所屬合作社計二十七個，社員八千七百人。其中最大的合作社為悉德尼市的「英國加拿大消費合作社」(British Canadian Cooperative Society)，有社員三千五百人，每年經辦額一百七十八萬金圓。

第七節　總括

(一)消費合作社的意義　根據上述各國消費合作運動的概觀，可以看出有兩大派別。即，一是平民消費合作運動，一是勞動者消費合作運動。但兩者的差異不僅是合作社的名稱上和社員職業地位上的差異，而是前者一般是單純的購買合作社，後者則具有企圖實現勞動者階級經濟的解放的理想。不過兩者都是伴着各國的產業革命發生，跟着資本主義的發展而發達的。

再則，購買合作社因地域而分爲城市購買合作社，和農村購買合作社。而這裏的差異也不僅是由於合作社的地域性的不同，在內容上，城市購買合作社以日用經濟品的購買爲主，而農村購買合作社則以原料用品的購買爲主要目的。因爲在農村間，生活日用品是自己生產的，而對於經濟用品的需要也都是有季節性的，并不像城市是經常性的。故原來的必需的倒是種子、飼料、肥料等原料的購買。在合作運動的初期，都市手工業者間也曾發生原料購買合作社，但因資本主義的發展而致崩潰，現在的原料購買合作社，幾乎只在農村纔看得見了。

如此說來，消費合作社是消費者的經濟用品的購買合作社，同時，主要是城市的購買合作社。因此，作着都市的發達而發展，并且它的共通的目的，是排除中間商業利潤，企圖在合理的公平價格之上獲得生活用品。

消費合作社與生產事業　一般消費合作社的共通目的卽在排除中間利潤，但在勞動者消費合作社方面則更具有高越的理想。

這卽如羅夫戴爾綱領中表現的，由消費者立場出發，而企圖實現眞的實需生產。然後，在一方面可以排除成爲恐慌之原因的生產過剩，另一方面可實行勞動者的經濟的解放。故在合作社聯合會中，生產事業被重視爲最終的目的。例如根據羅夫戴爾式的英、德兩國的聯合會，在它分銷額中自己生產占着很大的比率。

不過，他如法國巴黎的批發聯合會以平民階級爲對象，又如漢基亞(Hangya)聯合會以農民階級爲對象，而以經濟用品爲主者，則多是單純的批發事業，少有自己生產事業。這在日本也是同樣。但在農村的購買合作社，也有以自己生產事業（如肥料）爲必要的，如瑞典的批發聯合會便經營自己生產事業。茲根據英國(C.W.S)的「國民年鑑」(People's Year Book)（一九三二年及三四年版）將各主要批發聯合會的總銷售額和自己生產額數字表列如左：

（表二三）

表二三 主要批發聯合會總銷售額與自己生產額比較

聯合會	貨幣單位	一九二九年 總售額	一九二九年 自己生產額	一九二九年 同上比率	一九三二年 總售額	一九三二年 自己生產額	一九三二年 同上比率	平價比率
								一磅等於九·七六八圓
英格蘭C·W·S	千磅	八九,六八八	二七,一三[illegible]	三〇·五%	八二,二四八	二七,四三五	三三·七%	
蘇格蘭C·W·S	千磅	一八,四四[illegible]	五,九四五	三二·四	一六,一四八	四,九五四	三〇·七	
德意志G·E·G	千馬克	四〇〇,二七八	一一三,八九九	二四·七	三三九,八二三	九九,四二八	二八·一	
德意志(Gepag)	千馬克	七三,二四四	一〇,一〇九	一三·九	五五,二二〇	八,一一〇	一四·七	每磅二〇·四三馬克
法蘭西M·d·G	千法郎	七二一,六六〇	三八,〇八七	五·四	八二七,三四三	四六,二七四	五·六	每磅一二四·二一法郎
匈牙利Hangya	千班谷	六八,三八七	七,五六七	一一·一	四六,六三五	二,六七七	五·七	每磅二七·八二參結
丹麥F·D·B	千克郎	一四六,六二二	四〇,一〇七	二七·五	一五五,一五八	三八,四七七	二八·五	
瑞典K·F·	千克郎	一四一,一四〇			一四九,四五三	六九,一〇〇	四六·三	每磅一八·一五九谷羅鎳
諾威N·K·L	千克郎	一九,一[illegible]			三〇,七一二	一三,一九三	四二·九	

英國 茲先就英格蘭(C·W·S)的自己生產事業來觀察，則一八七三年在曼徹斯特市郊

外首先成立餅乾工廠，嗣於同年在萊結斯特市設製鞋所，翌年又在達剌謨市（Durham）設立肥皂工廠。其次直至一八八七年止，先後創設有毛織物，胡椒，加哩粉，可可，巧克力等各種製造廠。此後更於一八九〇年設衣服製造所，一八九一年設製粉所，一八九三年設家具木器製造所，一八九四年另設肥皂工廠，一八九五年設印刷所及菓醬工廠，一八九六年設猪油再製所及內衣類製造廠，一八九八年設法蘭絨，煙草及婦人緊身褡製造廠，一九〇二年設製藥所，一九〇三年設絨線製造廠，一九〇四年設毛刷工廠，一九〇五年設綿布工廠，一九〇六年設鐵器製造所，一九〇八年設製革所，一九一一年設顏料及染料工廠，一九一五年設刀類製造所，一九一六年設鋸木所及製油所，一九一七年設製陶所及釀醋所，一九一八年設玻璃工廠，一九一九年設油渣製造所，及汽車製造廠，一九二〇年設陶器工廠，一九二一年設麻繩工廠等。又於一九二二年收買亞美利加製油公司工廠，一九二三二四年先後增設製鞋工廠，二五年收買美索塞德郡的豚肉工場，二六年在北明翰市新設鋼琴工廠，二九年在丹麥設豚肉工場，三〇年在北明翰設鉛工廠，三二年增設四所酪乳場。這是最初由食料品生產開始，逐漸及於生活日用品，經濟用品，產業用品及娛樂品等各種生產事業。至一九三二年末計有五十餘種，六十餘所工廠在此等生產事業之外，又於歐洲各國、美國、加拿大、澳洲、西非洲等處設特產品販賣所，幷與各國批發聯合會作密切的交易。更於印度錫蘭島、南印度及亞森經營紅茶農場，面積達三萬八千餘英畝，但一九三二年該茶園委給英蘇共同批發聯合會經營。該聯合會於製茶之外，幷製造可可，巧克力糖等。

蘇格蘭（C．W．S．）也有製靴，衣服及絨緞，家具，木器，印刷，捲煙，雜糧，製粉，及其他各種製造廠。

德國　漢堡聯合會（G．E．G）一九三二年末計有各種工廠四十餘所。即餅點工廠，臘腸燻腿工廠，魚類加工廠，麥芽咖啡加工廠，蔬菜果實罐頭工廠，調味品工廠，製粉所及煙草工廠，雪花膏工廠，火柴，毛刷工廠，家具製材製盒工廠，染布衣服工廠，雜貨工廠等。其中如鄂爾敦堡（Oldenburg）的豚肉工廠規模爲歐洲各國之冠，每日殺用豬一、二〇〇頭。又在傑丕格（Geyag）亦設有肥皂工廠，臘腸製造所，雪茄工廠，點心，咖啡工廠，印刷工廠等。

法國　法國的批發聯合會如前所述，在生產事業方面不甚發達。

匈牙利　匈牙利的批發聯合會稱爲漢基亞（Hangya）屬於匈牙利農民合作社中央會，

一九三二年末計包含合作社一、五七三個，社員六十三萬八。生產事業祇在經濟用品方面，另外經營漢基忠工業公司，有肥皂化學製品，外衣、麻紐、火柴、刷子、刀類及製粉等十二所工廠。

丹麥　丹麥的批發聯合會當然也是經濟用品的配給合作社，但因國情關係，與農業合作社有很好的聯絡，自己生產事業的比率也很大。

瑞典　瑞典的批發聯合會（Kooperativa Forbundet. K. F.）在生產事業上非常的活躍。瑞典國民的職業，四一%爲農林業，三一%爲工業，一四%爲商業（一九二〇年國情調查），其全人口的三〇%都參加合作運動。而最可注目的，原來忽視消費合作社的農民，近來也都踴躍地參加了。根據一九三〇年統計，消費合作社社員四十五萬人中，約半數爲勞動者階級，三分之一爲勤勞者階級，而農業者亦有六萬六千人，占全體百分之一五。

此等消費合作社幾乎都已參加K.F.，故K.F.乃是中央會，同時兼爲批發聯合會。在歐戰後，事業頗爲發達，現在雖際遇恐慌的潮流，仍然進展不已。隔鄰的丹麥要是稱爲老成的合作國的話，那麼瑞典正是新進的合作國。

年次	合作社數	社員數（萬人）	總售賣額（萬谷羅錄）	內K·F·之批銷額（萬谷羅錄）
一九一四	六〇八	一二（平均每社一九六人）	四、〇八五（每社員平均三四四谷羅錄）	九八九（占總售賣額之二四·二%）
一九二〇	九四二	二四（同二五六人）	二五、五四四（同一、〇六四谷羅錄）	六、九五二（同二七·二%）
一九二九	八六六	四二（同四八七人）	三二、九一一（同七八二谷羅錄）	一四、一三二（同四二·九%）
一九三二	七八六	五一（同六五二人）	三五、一九一（同六八七谷羅錄）	一四、九四五（同四二·五%）

K·F·在生產事業方面，最近的活動頗足驚人，打倒了許多獨占價格而眞實地實現消費合作的理想。諸如一九二一年設人造乳酪工廠，現在成爲瑞典最大的工廠，而一九三二年的生產量爲一、四五〇萬基羅格蘭姆，占全國總生產額百分之三十。因此打破了人造乳酪托拉斯而提拱廉價人造乳酪於國民。一九二三、二四年設兩所製粉廠，一九三二年度的生產量一·二三億基

羅格蘭姆，也是打破了原來的獨占價格。更於一九二五年設製靴工廠，據一九三二年間生產量計算，每日生產二五・四萬雙。一九二六年又設橡皮工廠，打倒雨靴的加迭爾，由原來市價每雙八・五谷羅鎳（Krone 銀幣名）降至每雙六・五克羅鎳，現在更使降至三・五克羅鎳。現在的生產額，每年可出一六〇萬雙。

更於一九二八年在斯德哥爾摩（Stockholm）附近開設每年有五〇萬袋生產能力的過燐酸鹽工廠。但因該工廠開設的目的在於爲農民減低肥料價格，故於一九三二年末即借給農業批發聯合會辦理。K・F・這種計劃對於農民的裨益是很大的。

一九二七年又籌辦電球工廠，廠名稱爲朗馬（Luma）。一九三〇年末即開始生產，打破原來電球加迭爾的獨占市價，將市價由一・三五谷羅鎳減至〇・八五谷羅鎳，並且在合作社內部的賣價僅〇・八〇谷羅鎳。瑞典每年電球消費額約一千萬球，故由此可使國民每年減少五〇〇萬谷羅鎳（約二七五萬圓）的支出。自一九三二年，芬蘭丹麥及諾威等國的批發聯合會均加入朗馬工廠爲會員，而組織斯干的那維亞（Scandinavia）生產合作社。

與農業者的提攜　消費合作社達到組織批發聯合會的階段，則與農業以及農業者相提攜乃是必要的事情。因由於這樣纔能夠實現消費者與生產者的直接結連的理想。例如英國批發聯合會（C・W・S）於前述的印度茶園之外，復在英格蘭本土十多個地方經營牧場或農場，現在計約二九、四〇〇英畝。又於德彼鄉（Derby）設十九英畝的種子試驗場，於諾克福州（Norfolk）闢造林場兩所，面積達二〇五英畝。

另一方面英國農業者，全都是經濟用品的購買者，故加入C・W・S之外，又自行組織農業購買販賣合作社。規模最大的如蘭開夏州首縣白萊斯頓的農民交易合作社（Preston and District Farmer's Trading Society）有社員約三百人，辦銷農具、肥料、種子等，同時將社員出產農產物供給C・W・S，或單獨的消費合作社。

反合作運動　各國消費合作運動，都在歐戰以後獲得長足的進步，并且雖當着現實的經濟恐慌，但社員人數益發有增無減。它的總計的數字不易得到，但根據歐洲（除俄國外）英、法、德、瑞士、瑞典、丹麥等主要國家的系統的合作社的報告，則有如下表所示（表二四）

表二四　歐洲各國消費合作社之發展

年次	一九一四	一九二〇	一九二九	一九三二
德國 合作社數	(一三年)一、一一六 (一、三七八)	一、七〇九 (一、五一一)	一、二六四 (一、三四四)	一、三〇八 (一、一八八)
德國 社員數	一、七六五千人	三、二〇八千人	三、六二四千人	三、六五四千人
英國 合作社數	一、三九〇	一、三七九	一、二三四	一、一七一
英國 社員數	三、〇五四千人	四、五〇五千人	六、一六九千人	六、七六〇千人
法國 合作社數	(一三年)三、二六一	一、七三三	一、三二三	一、三三七
法國 社員數	八六五千人	一、三六一千人	一、四三八千人	約一、六〇〇千人
瑞士 合作社數	三九六 (三四五)	四九三 (四五三)	五一八	五二九
瑞士 社員數	二七六千人	三六三千人	三六〇千人	三七八千人
瑞典 合作社數	六〇八	九四二	七六三	七八六
瑞典 社員數	一一六千人	二四二千人	四二二千人	五一三千人
丹麥 合作社數	一、四〇七	一、七九二	一、七九〇	一、七九九
丹麥 社員數	二一九千人	三三五千人	三三三千人	三〇七千人

由於這種結果；當然在各國惹起了反合作運動。它的共通現象，一是對於合作社課稅的問題，一是合作社亦須適用商業限制法令以阻止合作社的發展。前者實現於英、法等國，後者在瑞士等國最盛，已如前述。而為對抗此種合作運動，也就發生了消費合作社的政治運動，如英國有合作黨，基爾特，及青年聯盟等等別動隊的組織。

思想的受難　由歐文播下萌芽，而由羅去戴爾諸先覺所創始的消費合作運動，自英國越海而廣播於歐洲各國，但因主要是以勞動者階級為重心，結果遂與勞動運動發生思想的關聯，於是，在意大利，德意志的法西斯政治之下，受了嚴峻的暴壓，它的民主主義自治的合作主義，終於被破壞了。故說反合作運動是經濟的受難，這正是合作運動的思想的受難。

消費合作社的地域性　關於歐洲消費合作社發達的地域，則據季特教授說：「如果引長由萊茵河口到多腦河口的境界線，則在線北部的英、德、奧、捷克、波蘭、俄、斯干的那維亞三國，及波羅的海三國等國家的合作社社員數對於全人口的比率，約為在線之南部的法、比、意、西班牙、葡萄牙等所謂拉丁國家的合作社社員對於全人口的比率的二倍。（季特著「消費合作論」）

例如就英國言，一九三二年末消費合作社社員六七六萬人，而英國每一戶人口平均四・一四人，但因每戶或有數名合作社社員，故姑以合作社社員數的九五%作爲社員的戶數來觀察，那末比之總人口四、九二〇萬人，其所占比率爲 676×95×414÷492＝54，五四%。又同年德國、漢堡的「德意志消費合作社中央聯盟」所屬合作社九四九，剋爾的「德意志消費合作社帝國聯盟」所屬合作社二五九，合計爲一、二〇八個合作社，社員三七二萬人，而同年人口總數六、五三〇萬人，每戶人口平均四・二人，則依上法推算，所占比率爲二二・六%。至於法國，一九三二年末消費合作社數一、二三七，據稱社員戶數爲一六〇萬戶，則比之同年總人口數四、一八四萬人，依上法推算，乃占比率一五・三%。

再則由國內的看法觀察，則在英格蘭，以哈爾市與布里斯托爾市（Bristol）市爲連結線劃分，線之北部所謂黑色英格蘭，是工業地帶，同時就是羅去戴爾合作社的發祥地，也是集中地。而在南部所謂綠色英格蘭，便是農業地帶，則園藝品販賣合作社發達。至於德國，如上節所述，勞動者消費合作社由薩克森國起至德勒斯登、漢堡、及克爾市附近工業地帶，爲消費合作社的中心。又在意大利亦然，北部阿爾卑斯山斜面是工業地帶，同時就是消費合作社發展的地域。

合作社與人種問題　季特教授也曾論及消費合作社與人種的關係，他認爲不僅消費合作，凡一般的合作運動，皆以日爾曼民族及斯拉夫民族諸國比較拉丁民族的法蘭西、西班牙、意大利諸國來得發達。蓋就合作社法制上股份的共有觀念與總有觀念而言，前者是富於總有觀念的民族，也許就是合作社之所以能特別發展罷。

不過，經濟情形又似乎是比較重要的條件，例如比利時的消費合作社，乃是在工業地方及炭坑地方最爲發達，而該地方倒是拉丁民族的瓦侖人比之日爾曼民族的佛郎達斯人爲多數。可是在比利時，大聯合會是不能發生的。

世界消費合作社現勢　消費合作社在世界中，尤其是在歐洲，已成爲合作運動的主潮。除上述各國之外，消費合作運動亦所在多有，祇以不能一一盡述，爰揭次表以見一斑。（表二五a）

再則根據國際勞工局調查的世界上合作社的現勢，則在一九三一——二年度，五十四國的調查中，其數可概算如下表：（表二五b）

表二五　a. 世界消費合作社現勢（一九三一年）

國名	消費合作社數	社員數	國名	消費合作社數	社員數
奧大利	一〇四	二六三千人	匈牙利	一、六四七	六七二千人
比利時	五四	二八二	拉特維亞	二九五	五〇
保加利亞	五七	五七	立陶宛	二五九	三九
捷克斯拉夫	四〇八	六九八	諾威	四四五	一一〇
丹麥	一、七九一	三二二	波蘭	九二五	三九五
愛沙尼亞	二三八	三五	西班牙	一五七	二九
芬蘭	五三五	四六七	瑞典	八四四	四五一
法國	一、四二三	二、三〇〇	瑞士	五七七	七四三
德國	一、二四七	三、七七四	加拿大	三一	一〇
英國	一、〇八七	六、二一七	北美合衆國	六五六	二〇四
荷蘭	一三一	一九〇	蘇俄	二五、五四〇	五五、〇一三

表二五　b. 世界各種合作社現勢

	聯合會	合作社數	社員數
消費合作社	六六之中五五之報告	六五、二九八	九三、九一二千人
住宅合作社	一一之中一一之報告	五一、四二五	三、四八七
建築信用合作社	三之中三之報告	一二、一五五	一四、五二八
農業合作社	二三〇之中一九〇之報告	三六六、二五三	二二、六九七
農村信用合作社	九四之中八三之報告	七六、八二九	一一、五〇五
城市信用合作社	二五之中二二之報告	五、一六五	二、二六七
手工業者合作社	三〇之中二四之報告	二七、五五九	三、三二九
計	四五九之中三八八之報告	六〇四、六八四	一五一、七二五
內計	歐洲（除蘇俄外）	一五〇、六九三	三九、〇七〇千人
	蘇俄	三二五、八九五	九六、四六三
	歐洲以外諸國	一二八、〇九六	一六、一九二

即全部合作社數目中，農業合作社占半數以上，但由社員數觀察，則消費合作社占百分之六十以上。

第三章　信用合作運動

第一節　資本主義發展與德國信用合作社運動

總觀　如第一章第五節所述，及前章末尾統計表所示世界合作運動可大別爲消費合作，信用合作及農村合作運動三類。

其中以消費合作社發生最早，與資本主義前驅的產業革命同時出發，與勞動者階級的發展一同發展。信用合作社則發生較遲，乃始於資本主義經濟壓力襲向都市及農村的中小產者階級的時候。農業合作社比較更晚，乃因資本主義惹起了農村恐慌而發生，而隨着農業商品生產過程的發展而發達。

消費合作社最早開始於英國，但信用合作社則在德國發其濫觴。這是什麽原因呢？

惟信用合作社之能夠發生，以資本主義尚在初期，蓋進入高度金融資本時代，則以微小的小產者合作資本是不能對抗金融資本的獨占過程的。今日城市信用合作社不振，農村信用合作社得以存在，便是這種原因。在前章末尾統計表中更可明顯看出。

但德國由於當時普魯士的帝國主義，而成爲重視農業保護農村的國家。再則因過去千數百年來固定了的三圃農業資本原始積蓄甚少，而一方面在帝國主義之下，產業要求急激發展，各方面大需資本，同時在已勃興的工業都市資本大量集中，而在小工商業者及農民間則資金流通不足，高利貸的跋扈益甚，因此信用合作社始能發生。

因此，德國信用合作社的發生，也是以易北河爲境界線之東南部的小都市小農業地方。

這種情形，在日本信用合作社之發達史上，也可以同樣觀察。在意大利也可以求得同等條件罷。

反之，在美國則如上章所述，勞動者階級雖已發生，而因生活裕餘，消費合作社不能發達，同樣地，富於天惠的農業繁榮和大農的存在，信用合作社也沒有產生的必要。從而她的合作運動，主要是發展了農產物商品化的販賣合作社。

德國資本主義的發展 關於德國的產業革命及資本主義的發展，其大要已如前章第三節所述。即德國的資本主義，以農業爲基礎，在帝國主義政策保護之下而發展。因此，德國合作運動，在工廠都市雖已發生消費合作社，而同時在小都市及農村間，更發展了多數信用合作社。

蓋德國農村自十九世紀初葉以前過去千餘年間幾無變化保持而來，於是形成兩階級的對立，一方是土地領主，一方是農民。而在一六五〇——一七五〇年間百人中有六十五人至七十八人爲農民，農民中五分之四爲農奴或勞僕。於是爲打開此種狀態起見，普魯士斷行所謂「解放農民」的士泰因、哈登堡兩宰相的農政改革政策。即自一八〇七年至一八二一年間幾次頒布法律，確保農民自由，是但同時又發布土地改良令，共有土地分割令，并也防止過小農地，企圖中產自耕農的獨立。此種農政改革，正可看作農業個人主義化，資本主義化的第一步。

但至十九世紀，農村間也被資本主義經濟侵入了。茲分述如次。

一、人口增加 自一八三〇年後，人口急激增大。（表二六）

表二六　一八三〇年以後之德國總人口及都市人口之增加

年次	a.總人口	年次	b.總人口	都市人口
一八三〇	二、九五二萬人	一八七五	四、二七三萬人	一、六六六萬人（三九・〇%）
一八五〇	三、五四〇	一九〇五	六、〇六四	三、四八二（五七・四%）
一八七〇	四、〇八二			
一八九〇	四、九四三			

都市人口以二千人以上之城市計算（　）內爲對總人口之比率

從而食糧有必然的增產的要求，爲此千餘年固守而來的馬克村落團體共同強制三圃農業制，已達到可以改革的契機。

二、農學的進步　對於此種要求，在農業上也多有科學的發明，改良進步，頗爲顯著。即如前章所述，帖亞輸人英國的輪栽法，豐・儲年於一八六二年公表有名的農業孤立國理論，傳授農業經營的基礎理論。更且黎比發明多種的如耕耘、施肥、家畜、飼料等農業技術的改革，就中用機械力深耕及廐肥的施用，使農業生產力大爲發展。又如播種總面積，普魯士在一八〇〇年至七八年間，亦已增加百分之四十三。但此後可以擴張的土地，使用殆盡，一八七八至一九〇〇年間，其增加不過百分之〇・七五。於是補救它的集約制度，大爲進步，其生產額有如左表。

五年平均	總生產額		同上每一英畝	
	麥類	馬鈴薯	麥類	馬鈴薯
一八七九——八三	二三・二 百萬噸	二一・一 百萬噸	一〇・二四 百磅	三・〇五 百磅
一九〇九——一三	二六・九	四五・〇	一七・八六	五・四六

三、穀物交易的發達　因此在十九世紀中葉以前，德國農產物爲出超，此後便爲入超。即裸麥在一八五一年以前，大麥在一八六六年以前，小麥在一八七二年以前，爲輸出超過輸入。

如是，德國農業在一八二〇年間際於過去的自然經濟移向商品經濟的時會，而引起恐慌，此後，尤其是一八四〇年後，便急速的進入好況，而一八七五年以降至歐州農業恐慌時止，呈現顯著進展，當時農產物價格如次表所示：（表二七）

表二七　十九世紀中葉普魯士穀物價格之變遷（每千瓩）

年次	小麥	裸麥	大麥	燕麥
一八二一——三〇	一二一・四馬克	一二六・八馬克	七六・六馬克	七九・八馬克
一八三一——四〇	一三八・四	一〇〇・六	八七・六	九一・六
一八四一——五〇	一六七・八	一二三・〇	一一一・二	一〇〇・六
一八五一——六〇	二二一・四	一六九・四	一五〇・二	一四四・〇
一八六一——七〇	二〇四・六	一五四・六	一四六・〇	一四〇・二
一八七一——七五	二三五・二	一七九・二	一七〇・八	一六三・二
一八七六——八〇	二二一・一	一六六・四	一六二・〇	一五二・六
一八八一——八五	一八九・〇	一六〇・〇	一五四・八	一四五・八

農家的負債，然一方面穀價的上昇，致使地價騰貴比收益力增加率高達三、四倍，尤其因爲耕地擴張達到限度，更促地價飛漲。同時勞動者工銀在一八五一至一八六〇年間也高漲五成乃至一倍。加以地方稅、村里稅、種種負擔也非常增大。因此雖在此資本主義發展的好況時代，德國

農民生活也決沒有裕餘的彈力，倒是加多負債，而大多以農地作爲擔保，此於小地主爲尤甚。

例如根據當時布亭別嘉氏的巴登大公國的調查，農業專業者的負債平均爲財產價格百分之一七·七，而如次表所示，小收入者其比率更大。

收益額	千馬克未滿	千五馬克以下	二千馬克以下	三千馬克以下	五千馬克以下	五千馬克以上	平均
每百馬克財產價格之負債額	二一·七馬克	一八·五	一五·四	一四·一	一三·八	一一·三	一七·七

而一方農業需要資本益屬必要。即隨着商品生產的進步，肥料、飼料費亦益增加，以及爲買農具，苗種，或生產物的調製加工，在在皆需資本。

信用合作社的發生　然而本來資本積蓄甚少的農業，以得資本之不容易，多先向商人們借貸資本，而至收穫時支付高利償還，并且其生產物又以廉價被商人收買，結果致受二重榨取。如是，便自然發生了爲共同借貸資本的信用合作社，以及爲原料共同購買或生產物共同販賣的購買販賣的合作社。

而此種情勢不止農業上如此，即都市小工商業者間，亦正相同。蓋資本主義的狂流中，資本集中，一切生產及交換都大經營化，於是小規模經營者沒有不被大資本壓迫，而遭遇重大的困難。幷且這種遭遇，都市手工業者尤較早於農村。如是，一八五〇年先有許爾志城市信用合作社發生，而後一八六二年有雷發巽的農村信用合作社發生。這種情形恰像在消費合作運動上，平民消費合作社與勞動者消費合作社的對立一樣。德國信用合作運動上，城市（平民）信用合作社是與農村（農民）信用合作社相對而發達的。

許爾志的合作社　業如前述，許爾志是平民消費合作社之父，尤其是城市信用合作社之父。彼於一八四九年在薩克森德利齊鎮創設木工與鞋工的原料購買合作社，但因苦於購入費難於籌措，乃於翌年組織前貸合作社。這是許爾志信用合作社的前驅。但該合作社最初是靠富者供給資金而經營，幷非眞正的平民機關。但同年彼之同志咊洛哈爾積在鄰市愛林堡所組織的前貸合作社，以社員連帶責任爲信用基礎，便是眞正的信用合作社。嗣因德利齊鎮的信用合作社資金缺乏，而要求鎮上援助遭了拒絕，於是許爾志霍然覺悟自助精神的效力，遂於一八五二年採用愛林僅合作社的原則從事改造。許氏旣深悔悟乞求此種公資金的援助，此後極端拒絕國家的助力。這種思想，許氏後繼者奉爲許爾志合作主義，故一八九五年普魯士雖設有中央金庫但幷不去利用。總之，此兩前貸合作社，卒爲各地模倣設立，所謂許爾志式信用合作社。該式合作社的原則，社資金由各社員出資而成，承認股份制度，又爲使出資增多起見，採取按照出資額多寡的利益分配主義。

許爾志聯合會 此等信用合作社爲圖共同利益的增進計，有產生中央聯合會的必要，旋於一八五九年設立「德國產業及經濟合作社全聯盟」，爲各種合作社指導統制的中央機關，也是前面所述的許爾志消費合作社的中央會。當初有八十個合作社與一九、〇〇〇人社員，至一九一三年，加盟合作社增至一、五一五個。其大部份爲信用合作社，但據同年的調查，其中已報告的一、〇〇七個合作社，有社員六五〇、五九七人，其職業的區別如次：即獨立農園林業者二五・二八%，農業佐工及勞動者二・三四%，工廠主四・〇七%，獨立手工業者二二・五二%，工廠勞動者七・三五%，獨立商業者一〇・三四%，商業傭工一・六八%，交通業者四・八〇%，介紹人及下級官吏三・六九%，傭工〇・七六%，教員自由職業者八・一四%，家主地主等九・〇三%。

由此觀之，許爾志合作社是都市的合作社，尤以手工業者爲本位。從而交易亦以與工商業者交易爲原則。故對於後述雷發巽信用合作社之稱爲「貯金及放款合作社」（Spar und Dar-lehns Kassen Vereine）而以貯金爲金融的前提者，許爾志合作社則稱爲「前貸合作社」（Vorschass Verein），全以放借資金爲目的。

更於一八六五年設「股份公司德國產業銀行」以爲金融中樞機關，除經營對於所屬信用合作社之業務外，并營一般銀行業務。嗣因資本不多，經營困難，遂於一九〇四年合併於德勒斯登銀行。

許爾志與合作法　許爾志對於前述之德國產業及經濟合作社法的制定，厥功亦殊不小。彼之法案先於一八六七年被採爲普魯士法律，一八七一年德意志帝國成立又採爲帝國法。再則因合作社日漸增加，有設立監查制度之必要，一八八九年五月一日所頒法律，乃完成監查聯合的規定。而現行的產業及經濟合作社法即於當時大受改正，最要者爲認許有限責任制度與聯合會制度。前者即雷發巽式合作社所排斥者，但許爾志則主張對一定的股款擔負責任，即有限責任制，因此，城市信用合作社結果能夠特別發展。又後者聯合會制度即是意圖合作組織之中央集權。

雷發巽（F. W. Raiffeisen 1818—88）雷發巽為德國農村信用合作社的創始者，更可說是泛世界信用合作運動之父。

雷氏於一八一八年生於德國南部衞斯特發楞州（Westfalen）的哈姆市（Hamm），壯年歷任萊茵諸州各地方之市鎮村長。平素篤信宗教，不似許爾志之熱心於政治，自晚年創設農村信用合作社後，遂終身致全力於合作運動。雷氏嘗說：「吾不能獻身於政黨，但從事合作事業以服務於全國民。」一八五二年，雷氏被選為紐威市（Neuwied）海迭斯多夫區區長，但自當時即因罹病陷於雙目失明狀態。一八六三年又被選為市長，以不容於政府，於六五年退職，而恃養老年金以過晚年生活。但雷氏并不圖慕富豪，雖身體已罹殘疾，仍一意獻身合作事業，視為自己的使命。一八八二年，威廉皇一世嘉其努力，御賜賞金三萬馬克。至一八八八年三月十一日，雷氏遂以病壽終。全德國農民為感謝雷氏的豐功偉績，乃在海迭斯多夫雷氏住宅前建立銅像，以資景仰。雷氏自始至終是一個宗教信仰者，既不是學者，更不是辯論家，常巡歷各地農村，與農民接近，而努力指導。

雷發巽的合作運動

德國農業自一八四〇年末，即繼續發生馬鈴薯病害，及穀物失收現象，在德國南部尤甚。而此等地方的農民大部份是小農，經濟極不充裕，因此陷於非常困境。非特資金不但以高利不能借得，且原料價格亦屬極不合理，但農業生產物則被迫廉價賣於商人。如是，農民雖勤苦終歲，亦毫無所得，徒然加重負債。例如一八五〇年，在威丁堡（Wittenberg）的競賣數，一年達四、二〇〇乃至五、六〇〇件。

雷氏有鑒於此，企圖救濟起見，於一八四七年向彼所任區長的凡爾布許區各富豪捐募款項而設立慈善合作社，供給馬鈴薯及小麥於貧農。又於翌年組織信用合作社於該區佛朗美斯斐爾地方，以放借資金於農民，及五年分期繳款之家畜售賣諸業務。又於一八五四年在海迭斯多夫組織同樣合作社，除供給資金外，兼營收養孤兒，施診給藥，種種慈善事業。但此等合作社，未幾即一則苦於資金不足，再則使受惠者消失自立心，結果無異使貧農成爲乞食份子。於是雷氏自覺慈善合作社不過是一時之計，不能作爲永久的救濟機關，幷深覺自助精神的重要。此時恰聽聞許爾志在德利齊設立互相扶助的合作社，遂致書許氏交換思想。此後便認爲自助主義爲信用合作社必要的原則。但其原則與許爾志主義完全各異，另有獨自立場。即自助精神中熔入基督教的鄰保相助心，而產生一種不須繳納股款從而也無利益分配的合作社。旋即據此原則於一八六二年在安荷汛（Anhausen）設立最初的信用合作社。

最初的農村信用合作社，此合作社股款，入社費均不須繳納，盈益絕對不分配，而積集爲合作社的共有金。又以農民爲本位，不收都會居民。最初基於無股款主義設立，所有資本以合作社社員連帶負責任借入。故須社員互相認識，互相信用起見，合作社乃屬部落單位。而信用的基礎，以在勤於貯金，而後方可向合作社借款。故對於許爾志合作社之稱爲前貸合作社，雷氏則名此爲貯金及放款合作社。又爲適應農民生活的實際需要，除信用事業以外，并經營原料共同購買及生產物共同販賣等事業，而所盈餘利益均積爲合作社共有金。總之，農民一切必要的事業，皆以農民互相共同的合作社的力量去辦理。雷氏相信這樣便可以使得農民生活達到幸福。

雷發巽的聯合會 再則吾人更爲佩服雷氏的，便是雷氏從實踐中覺悟了聯合活動的必要，因而廣泛地去組織，企圖樹立完全合作組織的農村經濟。

雷氏最初在從事信用事業上，對於小區域單位合作社資金需給的調節頗感困難，蓋在他的農村本位，純粹農民合作社中播種期則感資金不足，而收穫期則貯金過剩，情形一樣的不均衡。於是雷氏認爲第一，要調節各個合作社資金的過與不足，必須有統制的中央金庫，同時，因雷發巽式合作社既是無股款的組織，不得不吸收資金，故中樞機關也屬必要；第二，如要對各個合作社行使統制的指導監督與監查事業，中央會實屬必要；第三，爲廣泛地供給農業上的必需品，則聯合會亦不能缺少。因此，旋於一八六七年先行設立農業中央放款金庫於海迭斯多夫，形式上爲股份公司，而性質則全是合作社聯合會，卽股東均限於雷發巽系的合作社，幷禁止分配紅利。這就是今日聞名的雷發巽銀行「德國農業中央放款金庫」。

又爲吸收資金，尤其是長期資金起見，乃打算經營保險事業，一八七六年與索茨特加爾特生命保險貯蓄銀行締結契約，雷發巽設該銀行特約代理店，代辦合作社區域保險事務，借以融通前述中央金庫的資金。爲此目的，雷發巽系信用合作社亦同時努力生命保險事業，後來亦竟組成雷發巽生命保險公司。

又關於第二點的中央會則一八七七年組織「農村合作社代表聯盟」（Anwaltsschaftverband landlicher Genossenschafften）今已改稱爲「德國雷發巽合作社總聯盟」爲雷發巽合作社的中樞機關，正努力從事發展。又第三點，對於物品供給上，一八八一年特設「雷發巽交易公司」，即現在的「雷發巽物品配給經濟聯盟」。

又爲求統一起見，使各個合作社均加入中央機關，并於各地設立支部，但不與以獨立權限，完全採行中央集權，而雷氏本人則擔當此等機關的指導責任。這裏結成沒有組織、分散而毫無權力的農民，結果竟在經濟上造成一大勢力，洵爲雷氏卓越的思想。

許爾志與雷發巽的原則　其次，關於許爾志及雷發巽的信用合作社的原則，約如下述。

許爾志式合作社原則爲：一、合作社資金仰求於股款，從而股款可相當高額。二、名爲前貸合作社，以放款爲宗旨。三、爲有限責任制，加入時徵收入社費。四、社員不限於某種職業。五、准股份買賣讓渡。六、股款得分配紅利。七、號稱平民銀行，信用事業爲唯一業務。八、準備金公積金等合作社財產，按股爲社員所有。九、放款以短期（普通三個月）爲原則，不動產之類的放款則爲例外。十、合作社事務理事者，給薪俸。十一、許各個合作社自由，爲民主主義的中央集權主義制。十二、自助主義，嚴拒政府的援助等。

雷發巽式合作社的原則是：一、採取無股款設立主義，合作社資金取給於借入款。（表二八）二、稱爲貯金及放款合作社，着重貯金。三、採無限責任制。四、社員以農業者爲原則，以農村爲區域。五、不許社員之權利讓渡。六、不分配紅利。七、公積金等合作社財產爲合作社共有，不屬於各個股份。八、事業以信用爲主，亦兼營其他販賣購買諸事業。九、放款期間較許爾志式爲長，但留意於資金不固定的事業，而爲相當的續短，准予更約續借。十、合作社事務由名譽理事者管理。十一、採中央集權主義，尤其是中央金庫。十二、也是自助主義，與許爾志式同樣，又含基督教的鄰人主義，而富於道德色彩，故極努力於社員的教育事業等。

表二八　雷發巽信用合作社自給資金之比率

年次	一八八一	一八九三	一九〇〇	一九〇五	一九一〇	一九一三	一九一八
調齊合作社數	一二二	六一〇	二、九八三	三、八五〇	四、二六五	四、四一五	四、四三〇
自給資金對總資金之比率	五・七%	五・四	三・四	三・三	三・四	三・七五	二・八

以上許爾志合作社與雷發巽合作社，不僅是德國信用合作運動兩大系統，幷爲世界城市信用合作運動及農村信用合作運動的淵源。繼之而起者，便是次節意大利的信用合作運動。

哈斯的農業合作社　在德國除上述兩大系統之外，尚有一重要系統，即與雷發巽幷稱的哈斯的農業合作社。

哈斯（Wilhelm Hass 1839—1913）初爲南德黑森州官吏，旋爲農會會長，頗熱心於合作運動，一八七二年在黑森州非列德白爾地方創設農村購買合作社，此後黑森州各地均普遍設立。哈氏認爲各合作社分立不利，旋於一八七三年組織聯合會於格蘭都齊，更於一八八三年聯絡他州合作社二四八聯合會九組織「德國農業合作社聯盟」於歐芬巴克（Offenbach）。

哈斯的合作社，介於許爾志與雷發巽二者之間，即一、不排斥股款亦不專恃股款，取折充主義，

二、有限責任制或無限責任制因地方情形而異，三、對於雷發巽式的宗教與經濟含混，極力反對，四、不僅着重信用事業他種事業亦頗重視，五、認許地方聯合會，不主張極端的中央集權主義……等。

此後與以紐威（Neuwied）爲中心的雷發巽系合作社形成對立的形勢，但因雷發巽主義太富基督教色彩，無異宗教團體，故加入哈斯聯合會者日益增加，尤其在一九〇五年間，因雷發巽系合作社投資穀倉失敗，德國農村合作社大部份均加入哈斯系統。

然基於上述的社會的背景，雷發巽合作社固不待言，即哈斯合作社，亦終以信用事業爲主，如前章所揭第十五表。

德國合作運動的地域性　德國信用合作社大部分（約八八%）是在農村，這是什麼意義呢？今就普魯士各地方農業狀態比較觀察，則根據較近似的一九〇七年調查（同時代的統計缺如，）其各地方農業人口與上揭合作社社員數比較，則如次表（二九）所示，以黑森·納梭地方爲最多數，次爲萊茵蘭、衞斯特發楞、薩克森等地（乙丙欄內有括弧之數字即表示它的順序。）

表二九　十九世紀末普魯士合作社員數與農業者人口之比較

一八九七年 九〇七年之

地方名	甲 合作社數	乙 社員數	$\frac{乙}{甲}$ 平均每社社員數	丙 農業者人口	$\frac{乙}{丙}$
東普魯士	三六〇	六一、三二三	一七〇	五一五千人	一一·九%
西普魯士	二七七	三〇、二八五	一〇九	三七八	八·〇
柏林市	九五	一六、八五三	一七七	四	
勃蘭登堡	四六〇	七三、一八五	一五九	五三四	一三·七
蓬麥倫	三一一	四三、九〇四	一四一	三八一	一一·五
波新	四六三	五八、六一八	一二七	五〇二	一一·七
色列治因	八六九	一三一、〇八三	一五一	八七四	一五·〇
薩克森	五六〇	九四、一七〇	一六八	四九五	一九·〇
什列斯威好斯登	三二五	三五、四七九	一〇九	二三一	一五·四
汗諾威	七三六	九七、三〇二	一三二	六〇三	一六·二
衛斯特發楞	四七六	六九、六六四	一四六	三六一	(3)一九·三
黑森納梭	七八一	一二三、五七四	一五八	三二三	(1)三八·三

萊茵閩	一、二二五	一二八、六六五	一〇四	六五三	(2)一九·七
薩亨索倫	一〇	一、〇五六	一〇六	二六	四·一
計	六、九五八	九六五、一六〇	一三九	五、八七七	

表三〇　一九〇七年普魯士農業用地經營面積大小比率

地方名　公頃	〇·〇五——二	二——五	五——二〇	二〇——一〇〇	一〇〇以上	全農用地面積（千公頃）
東普魯士	二·一	四·二	一七·五	三八·三	三七·九	三、二二四
柏林市	一〇·九	七·七	二一·五	三五·〇	二四·九	四九
勃蘭登堡	三·五	五·六	二三·八	三五·一	三三·〇	三、二一六
蓬麥倫	二·六	三·二	一九·七	二三·四	五一·一	二、六六三
西普魯士波新	二·八	四·四	二四·四	二九·〇	三九·四	六六五
下色列治因	三·一	九·五	二九·五	二三·九	三四·〇	二、三二三
上色列治因	七·三	一三·八	三五·四	一三·八	二九·七	七八六
薩克森	六·五	六·七	二六·七	三四·一	二六·〇	二、一三四

什列斯威好斯登	一·八	三·四	一九·八	五九·六	一五·四	一、三一三
汗諾威	六·六	一二·五	三六·七	三七·六	六·六	二、九二一
衛斯特發楞	九·五	一四·三	三七·八	三四·四	四·〇	一、六三一
黑森納梭	一〇·八	二一·九	四三·六	一七·五	六·二	一、〇三〇
萊茵蘭	一一·八	一九·八	四四·四	二〇·七	三·三	一、六七七
霍亨朱倫	五·三	二四·二	四九·六	一九·五	一·四	七四
計	五·一	八·八	二七·九	三二·〇	二六·二	二三、七〇六

由是觀之，合作社員多的地方與經營面積上佔中小經營地最高率的小農地方是相一致的。這裏，我們可以認爲在小農地方有發生和發展農村合作社必然的要素。而另一方面，北部勃蘭登堡，什列斯威·好斯登，遂麥倫等大農地方，農村合作運動幷不暢旺，而在柏林漢堡等大都市則爲消費合作社的集中地。大體上，以易北河河流爲界，其東面爲消費合作社發達，西面則農村合作社發達。

何以普魯士北部是大農地方，而南部萊茵諸州是小農地方呢？原來易北河東部本是斯拉夫人居住，其後日漸被德人征服而奴化原來居民以形成巨大農地，再則所有地繼承法也是最大原因。在十九世紀初葉前，德意志帝國的大部份，曾例行所有地由一子繼承法，蓋因土地領主爲圖全自己利益，殊不願分割及抵押農地。但自拿破侖法典採取自由解放主義，廢止此種限制繼承法，規定分割的制度，於是影響所及，德國南部地方，尤其是萊茵諸州遂實行自由分割主義，同時因人口增加，而促使小農約集經營地急激發達。

這種情勢，在歐洲大戰後也是一樣。據國際農事協會報告，在一九一八年此等農村合作社，每一合作社範圍平均有二、一九二人及耕地一、一七五畝。但合作社所轄區域大小，各地方有種種不同，今以純粹農村地方有九百人的合作社來比較，則在萊茵河左岸地方，有轄有四二七畝區域的合作社，而在擁有大農場的東普魯士，則有轄屬四、二六四畝區域的合作社。

德國合作運動的特質　德國合作運動以農村爲主，且以信用事業爲中心。但無論是許爾志式合作社，雷發巽式合作社及哈斯式合作社，除信用事業以外，多兼營他種事業，在前章十六表中也可以看出來。像他國之信用合作社之分離來觀察是不可能的。

在德國也和英國一樣消費合作社因產業革命的結果而發生，又與後述的丹麥、法國的農業合作社由於農業恐慌而發生者不同，而德國信用合作運動形成的原動力，便是德國的帝國主義。當時的德國，在千年的沉夢中醒轉過來，急速地向資本主義方面前進，高唱帝國主義，百般產業正是活潑地勃興時代。從而合作思想指導者也都是實踐的改革者。這裏可以看出發生於德國的合作社的特質。

諸系統的發展　在下面統計的敍述中，以探求德國合作運動發展之跡，作為本節結尾。

一、許爾志系合作社　如上所述，它的中央會為一八五九年組織的「德國產業及經濟合作社全聯盟」(Allgemeiner Verband)，此後發展有如下表：

年次	總數	信用合作社	手工業者合作社	消費合作社	建築合作社
一八八五	一、〇三三	八二四	三七	一七一	一
一八九五	一、四七六	九五四	五七	四五四	一一

一九〇五	一、四一七	九六六	六六	二七三	一一二
一九一五	一、五一五	九六三	七〇	二八二	二〇〇
一九一九	一、五九三	九四六	(製品合作社)一六五	二五三	二三九

該金聯盟一九二〇年與別派的「實業合作本聯盟」合併改稱「德國合作事業聯盟」(Deutscher Genossenschafts-Verband)，而於德勒斯登銀行設置合作金融部以爲金融中樞機關，但其主張不主專利用自己的系統機關，故亦與普通銀行交易往來。不過國家的助力則極端拒絕，因此一八九五年普魯士中央金庫雖已設立，然亦未嘗利用。

二、雷發巽系合作社　業如上述，乃採取中央集權主義，在各方面設有系統的中央機關。即(一)一八七六年設立股份公司組織的「農業中央放款金庫」，作爲中央金融機關，嗣根據一八八九年德國產業及經濟合作社法的規定，改爲合作聯合組織，而易名「德國農業中央放款金庫」(Landwirtschaftliche zentraldarlehenskasse für Deutschland)。一九〇九年由紐威遷址柏林，一九二三年又更名爲「德國雷發巽銀行」(Deutsche Raiffeisenbank A. G.)。

（二）又爲聚集資金，一八七六年與萊茨特加爾特生命保險貯蓄銀行締結特約關係，更於一九二二年獨立設置「雷發巽生命保險銀行」(Raiffeisen-Lebensversicherungsband A. G.)。（三）一八七七年組織「農村合作社代表聯盟」，後亦根據一八八九年合作法規定作爲指導及監督的中央機關，而改名爲「德國雷發巽合作社總聯盟」(Generalverband der deutschen Raiffeisen-Genossenschaften)，旋於一九一〇年由紐威遷於柏林。（四）又爲物品的供給上，一八八一年組織「雷發巽交易公司」，但一九一七年復行改組，即今日的「雷發巽物品配給經濟聯盟」(Wirtschaftsverband der Raiffeisenschen Warenanstalten)。

茲將雷發巽系合作社數的發展狀況表揭如次。

年次	一八七七	一八八五	一八九五	一九〇五	一九一五	一九二〇	一九二五	一九三〇(一月)
合作社數	三〇	二八八	一、九一四	四、六五七	五、六八〇	七、一九二	八、七〇四	八、〇七三

三、哈斯系合作社　如前所述哈斯系合作社半數爲信用合作社，（雷發巽系七成爲信用合

作社，）其餘半數爲各種事業合作社。此等合作社一八八三年結成「德國農業合作社聯盟，」但至一八九〇年乃改爲「德國農業合作社全聯盟」(Allgemeiner Verband)，一八九七年組織購買販賣合作社的中央機關的公司，更於一九〇二年改組該公司爲金融機關，稱作「農業的帝國合作銀行」。但因全聯盟名稱與許爾志系的全聯盟相含混，乃於一九〇三年改稱「德國農業合作社帝國聯盟」(Reichsverband)。此後遂與雷發巽系處於對立地位，但自一九〇五年後發生合併運動，且在金融關係上也幾度發生障礙，卒於一九三〇年二月合併組織一大聯合會，名爲「德國農業合作社雷發巽帝國聯盟」(Reichsverband der Deutschen Landwirtschaftlichen Genossenschaften-Raiffeisen)。今日農村合作社百分之九十加入該聯盟。在合併之前後期間中兩系合作社數有如下表：

（一九二九年末）	總數	信用	販購	酪農	電氣	打穀	畜產	其他	監査聯合	地方聯合
雷發巽系	八、〇七四	五、六二七	一二	三三二	一、二九二	一八二	六三	四七八	一五	三

哈斯系	二六、五五六	一三、九六〇	三、九六〇	三、四四五	二九、九二一	四三六	五三九	二、二七五	一七	九八
合共（一九三〇、十二、一）	三六、二二五	一九、七四九	三、七五三	三、五七〇	—		九、一五一		三七	二二六

各該系合作社雖各有中央金融機關，但皆是分立的地方的，而有不健全之感，卒於一八九五年的議會中提出設立統轄全國的信用合作社中央機關的議案。同年七月遂由法律頒布設置「普魯士合作事業中央金庫」(Preussische Zentralgenossenschaftskasse)。該金庫雖冠名普魯士，實則爲全國信用合作社的中樞機關。

統計的觀察　以上德國信用合作社各系統所屬合作社數及社員數，玆總括如下表。(表三一)

表三一　德國各系統信用合作社數及社員數

系統別	年度	合作社數	其內調查之合作社數：合作社數	社員數	每社平均社員數
Hauptverband d. g. G.（許爾志系）	一九一三	四七二	四二七	一一九、六九八人	二八〇人
	一九一九	四七六	三五三	九一、四五一	二六〇
Deutscher Genos. V. 許爾志系一九二〇年合併上者)	一九一三	九七四	九六三	六三七、三二九	六六二
	一九一九	一、〇五四	九八三	六六二、七二八	六七四
	一九二一	一、四二七	一、二一三	八六九、七三六	七一七
	一九二二	一、三一四	一、一九六	八九九、五六四	七五二
General v. der d. Raiffeisen G.（雷發巽系）	一九一三	四、四八五	四、四一五	四八二、八六八	一〇九
	一九一九	五、一二一	四、八〇五	五〇三、五三三	一〇五
	一九二一	五、四一六	五、一五六	五五六、八二九	一〇八
	一九二七	六、〇一二	五、八三三	六一六、七七四	一〇六

Reichs v. der d I.G.（哈斯系）	一九一三	九、四〇〇	九、三二六	八四七、二〇三	九一
	一九一九	一二、三二一	一〇、八五三	一、〇八八、〇八〇	一〇〇
	一九二一	一二、一四八	一一、二三一	一、一六三、四〇三	一〇三
	一九二七	一三、〇一八	一二、五三九	一、三五九、六四〇	一〇八
Reichs v, der d. I. G. Raiffeisen	一九三〇	一九、七一八	一七、六五五	二、〇一九、三九九	一一四
（哈斯雷發巽系合共一九三〇年二月）	一九三二一月一日	一九、三五〇	一八、六三三	二、〇七四、五一一	一一一

現在德國信用合作社，大體上卽許爾志系城市信用合作社及雷發巽系哈斯系的農村信用合作社之兩大系統存在而此等信用合作社占德國合作運動中實爲大部份，已如前述，玆更表列於次。（表三二）

表三二　德國各種合作社數

年度（各年度末）		一九二一	一九二五	一九三〇	一九三三
一、信用合作社	實數	二〇、四二〇	二三、三九五	二一、九四七	二一、〇五六
	%	四三・一	四二・六	四一・八	四〇・九
二、原料合作社	實數	六、一八三	六、五九六	五、八四五	五、四〇二
	%	一三・〇	一二・六	一一・二	一〇・四
三、小賣商之商品購入合作社	實數	一、三二〇	一、一七八	一、〇六一	一、〇八〇
	%	二・八	二・三	二・〇	二・一
四、利用合作社	實數	五、六四四	七、五九六	七、六〇八	七、三二一
	%	一一・九	一四・五	一四・五	一四・三
五、倉庫合作社	實數	一、〇四九	九、六六	一、四〇七	一、四八八
	%	二・二	一・九	二・七	二・九
六、生產（企業）合作社	實數	五、〇八九	五、一六四	六、一五〇	七、四七六
	%	一〇・七	九・八	一一・七	一四・五
七、消費合作社	實數	二、四三四	二、一二六	一、七三二	一、六二四
	%	五・一	四・一	三・二	三・一
八、建築合作社	實數	三、二八七	四、一七一	四、六九四	四、二〇七
	%	六・九	七・九	八・九	八・二

九、其他	實數	二、〇六四	二、二四八	二、〇六一	一、八七一
	%	四・三	四・三	四・〇	三・六
總計		四七、四九〇	五二、四四〇	五二、五〇五	五一、五二五

基於上表，信用合作社占德國全部合作社數百分之四十以上。就一九三三年末數字觀察，則其中九二%是農村信用合作社，八%是城市信用合作社，而實數不過一、六九四合作社。再就組織體制觀察，則八二%爲無限責任，一七・七%爲有限責任，而保證責任僅爲〇・二%。由此可知雷發巽無限責任主義的影響之大。

然在目前經濟恐慌中，合作社亦不免受到影響，在信用合作事業上反映最爲強烈，多數信用合作社因貯金流出及放款呆固，蒙受重大的困難。爲此新設合作社數遠不及合作社解散數之多，而在農村合作社方面，尤可看出大受打擊。即如一九三二年內新設合作社二一六社，中農村合作社僅三十一社，其他皆城市合作社。而解散數總計四三五社，其中農村合作社實占三七一社。一九三三年中亦然，信用合作社設立數七五，而解散數達三五九社。

第二節　意大利信用合作運動

意大利的國情德國與意大利在信用合作方面的關係，比之德國和英國在消費合作方面的關係尤爲密切。意大利以德國爲藍本而發展她的城市及農村信用合作社的二大系統。郎宗學許爾志的有路扎蒂氏，步武雷發巽的有烏林波氏。

當時意大利受一八四八年法國二月革命的影響，各地動亂相繼發生。幷因法國及奧大利的干涉，致促成意國國民民族的自覺。一八六一年三月在特靈諾舉行的議會中，滿場一致通過擁護愛默那羅二世爲國王，於是遂完成意大利的統一。

一八六三——五年之間，喀布爾實施自由貿易政策，但因一八七〇年間歐洲經濟恐慌的波及，乃復於一八七八年改採保護關稅政策，結果遂助長國內農工業的發達。

但意大利工業資源原來缺乏，鐵及石炭都沒有出產，祇能利用國內急流水力的電氣發動力，故在北部阿爾卑斯山脈斜面一帶工業頗形勃興。而其餘地方則仍以農業爲主，因此政府也以保護農業爲要政而特別與以金融上的援助及奬勵開墾灌漑等幷在「數卽力量」的信條之下，努力人口增加和集約經營的組織。全國耕地七百萬畝占國土總面積百份之二三。據最近調查，（一九三一年）人口總數計四、一〇〇萬餘人其中工業者占百分之三十，商業者占百分之一三，而農業者則占百分四七的大多數。

職此之故，意大利在歐洲諸大國中資本主義經營的發展較爲最遲。而至十九世紀後半期，都市方面始發生勞動者階級及前述的消費合作社，和路扎蒂的平民銀行等。但在農村方面達到這種狀態，則是在歐洲農業恐慌波及一八八〇年以後。當時政府爲救濟貧農，於一八八四年施行農業大調查，一八九〇年頒布救貧法。但一八九四年間，西西利亞農業勞動者發生叛亂，而產生農業勞動者同盟（Fasci）。

信用合作社的發生　在這種狀勢之下，信用合作運動發生了，它思想的淵源乃發端於意大利愛國革命家馬溍尼氏（Mazzini 1805—1872）。馬氏是聖西門派人道主義者，他的意大利統一政策中，力說合作運動的必要。於是一八五〇年間設了許多共濟合作社，至一八六二年其數達三七四所。其中亦設立有稱爲放款金庫的信用合作社，但實現近代的信用合作社的先覺，在都市方面則是路扎蒂，在農村方面則是烏林波，此外尚有天主教合作社的先創者寺盧蒂氏。

路扎蒂　路扎蒂氏（Luigi Luzzatti 1841—1927）生於威尼斯，歿於羅馬。出身富家子，曾幾度任職大臣，并曾任宰相，爲當代的大政治家。但他的生涯主要是從事合作運動。二十三歲時遊學德國，得結識許爾志氏而從事研究許氏的合作社。此後回意國，即極力提倡城市信用合作社運動。一八六三年發表「信用的擴大與平民銀行」一書，宣傳信用合作思想。一八六四年在落狄村（Lodi）組織小規模的信用合作社，更於翌年在米拉諾市創辦城市信用合作社。該社最初有社員五十八名，資本七百里拉，其中路氏本人出資一百里拉，并自己負責辦理事務工作。現在該社已成爲意大利最大的信用合作社，這便是路氏合作運動的先驅。

路扎蒂的合作社，主要目的在調節都市勞動者的金融，故名稱叫作平民銀行（Banche Popolari）。今日此種路扎蒂平民銀行計有六百所。

路扎蒂的方式　路氏於旅行德國時，曾考察許爾志及雷發巽的合作社，但因無限責任制不適合意大利國情，故不採用路扎蒂的主要的方式即：（一）以正直與共同（Onesta e Solidita）爲對人信用的基礎，幷以此爲標語。（二）合作社組織皆採有限責任制。（三）股款規定低額，幷長期分期繳納，使勞動者容易加入。（四）職員以無報酬工作爲原則，盡以貧困勞動者爲對象之故。（五）故於合作社的事業經營上，必須多數社員動員，即如除社員大會之外，又設有理事會，常務理事會，監事會及仲裁人等諸機關。（六）放款基於完全對人信用或以股款程度爲擔保，而於無產者，以給予信用爲本旨。（七）信用期間爲三個月，且放款額盡量低額，普通在二百里拉以下者，其件數占全數百分之六十七。

這就是路扎蒂式城市信用合作社，其與許爾志式不同的地方，主要是以勞動者爲對象。路氏一八七六年組織「意大利合作社平民銀行中央會」（Associazione fra le Banche Popolari Cooperative Italiane），更於一九一三年在羅馬設立中央金庫（Istituto Nazionale di Credito Per la Cooperazione）。至一九二三年該中央會所屬合作銀行計八二九，社員五〇萬人，資本總額一·八億里拉，公積金一·四億里拉，而存款達一·七億里拉云。

烏林波(Leone Wollemborg 1859—) 烏氏曾一度爲財政大臣，是一個自由主義大政治家。年僅二十四歲時，已熱心從事於雷發巽式農村信用合作運動。時爲一八八三年，較遲於路扎蒂約二十年。當時路扎蒂平民銀行已有一三九所，但幾無農民參加，因此烏氏企圖在農村裏也設立同樣的信用合作社，路氏對此亦極表贊同，幷大加援助。一八八三年，烏氏在巴多亞市附近洛連基亞教區內開始組織農村信用合作社。當初僅有同志三十人，但因他的熱心和教區內僧侶的援助，一年半後，參加者增至百數十人。烏林波的合作社以雷發巽方式爲原則，無股款，無紅利，從而也無股份及準備金，一切事業所獲利益，均積集作爲全部合作社財產。完全是農村本位，故稱爲農村金庫(Casse Rurali)。其與雷發巽合作社不同之點，便是主張單營信用事業，不得兼營購買販賣及其他事業。烏氏又在羅馬設該各合作社的中央會(Federazione Nazionale delle Casse Rurali Italiane)，及中央金庫(Banca Nazionale delle Casse Rurali)。

天主教信用合作運動 路扎蒂及烏林波都極信賴天主教宗教的精神，然皆屬於猶太系，故在此兩種合作社之外，另發生了別個系統的天主教教徒信用合作運動，其先驅便是雪盧蒂氏。雪氏一八九〇年在威尼斯創設他的合作社，後復在羅馬設立中央會及中央金庫，亦做照雷發巽式兼營購買及販賣事業。

天主教在意大利影響頗大。在法西斯黨得勢以前，政治上有天主教黨的組織，與當時社會黨對立，勢力頗爲雄厚。故在當時，勞動運動與合作運動，有天主教系和非天主教系之分。祇是天主教信用合作社主要是農村信用合作社，自一八八〇年間即蓬勃倡導。一八九一年，教皇理奥十三世的教令上宣稱：「基督教勞動者，或自行組織合作社，否則必須加入屬於宗教的合作社，」更於一八九五年的教令上說：「勞動者爲使教會所認許他們的權益的向上，有組織合作社的權利。」但一八九〇年天主教合作社最初在威尼斯設立時，烏林波的農村信用合作社已經成立了四十四所。

合作法　上述各合作社，當初均沒有可以準據的法律，都是任意組織的。一八八三年，意大利商法有和法國商法同樣的改正，遂加入關於合作社的條文。依該條文規定，信用合作社認許有限責任和無限責任二種體制，每股金額以一百里拉爲最高限度，每一社員的股款以五百里拉爲最高限度。又一社員禁止同時爲他社社員。總之，自合作社取得法人人格後，遂蒸蒸日上了。

法西斯政權與信用合作社　意大利參加歐洲大戰的結果，負了巨額的戰債，而形成戰後財政的窮乏，結果國家主義勃興，墨索林尼一躍而握取法西斯政權。此後，在各方面着重國家的統制，對於合作運動亦然。一九二六年政府設立合作社中央機關，即上述「法西斯合作事業全國聯盟」，全國所有合作社都在它支配之下。上述信用合作社三大系統的中央會名義上也附屬於全國聯盟。現在信用合作社總數爲三、五〇〇，資本總額估計爲七五億里拉，（意大利農村信用合作社，登記隨意，故確數不得而知。）但嚴密的估計，合作社是二、五〇〇，其資本總額爲一五億里拉。而根據烏爾特所著「轉換期意大利的合作事業」一書（英文）的附表，一九三〇年的數字如左表：

	合作社數	社員數	資本金	放款金	存款
平民銀行	五八九	四〇〇、〇〇〇	一一、〇七二千里拉	六一、六七七千里拉	九〇、五三八千里拉
農村金庫	一、六六〇	一五一、五一六	七七九	一〇、六〇八	一六、八二一

第三節　法國信用合作運動

國情　關於法國合作運動發生的社會情勢，已於前章第二節詳細述過。由於國情關係，各種合作社，發現了多種的式樣，但任何一種初時都是觀念的東西，在信用合作社方面亦然，它的思想的萌芽曾經表現於一八三一年畢薛的合作社，及一八四九年蒲魯東的平民銀行，但它本格的運動乃開始於一八八〇年間。

抵押信用銀行　然而原來已經發生有不動產抵押信用銀行及農業信用銀行。這蓋由於資本主義的發展，以及在農村方面資本的需要也已增大的原因，而更為顯著的事實，便是跟着產業革命農村人口急激集中於都會，（請閱前章表八）其結果農村的勞力銳減，為補救起見，遂多利用牲畜及機械力，即是原來勞力的經營已轉換於資本的經營了。因此資本需要必然地增大，以土地或其他為擔保的負債遂顯著增加。而因金融機關缺乏，負債利息極高，在利潤微小的農業收益上頭，終歸難於支持，故雖是農村的地主，而其破產者，亦實繁有徒。其結果如前揭表十所示，一方面是使巨大農場減退，而一方面形成過小農場自營的中農場漸增的現象。

於是政府也頗重視農業信用機關的改善，或調查實狀，或懸賞徵求適當方策。結果，認土地抵押信用銀行的重要，一八五二年二月制定土地抵押信用法，同年十二月更設立「法國不動產銀行」(La Société du Crédit Foncier de France)，以爲中央機關。

然其後一八五五年間，凶荒大作，多數農業者苦於經營流動資金的難得。於是政府爲附與此種短期的農業信用起見，又籌設農業動產信用機關，而卒於一八六〇年成立「農業信用銀行」(Société du Crédit agricole)。該銀行對於以動產，尤其是以有價證券爲擔保者，即附與信用，但因此種辦法不洽實情而致失敗，遂於一八七六年合併於法國不動產銀行。其失敗最主要的原因，可說是一則中央集權的辦法不適合於農村，再則雖是中央的識者的計劃，但幷非由於農民自己的要求和自覺。由於此種經驗，政府，識者都深覺悟了農村，農民之眞的信用機關，須依據各該地的地方情形，而由農民依據自己的互相信用來組織。即是知道了信用合作社是最適宜的金融機關。

一農業森第開與信用合作社」此時恰值爲應付一般經濟恐慌而頒布了一八八四年的同業森第開法，使農村中多有農業森第開（Syndicats agricoles）產生，而以此農業森第開爲背景，爲基礎，法國農村中的信用合作運動，遂得以發展。關於農業森第開容待下章詳述，大致它的組織也是一種合作社，而其社員同時是參加信用合作社的。蓋因一八八四年的森第開法規定森第開的目的祇在於「工商業及農業上的經濟的利益之攷究及防衛，」不許爲此以外的經濟的行爲，因此當初的森第開不得從事共同販賣或共同購買，（但自一九〇一年之改正法，已得許可，）信用事業也同樣被禁止。如是，森第開乃採取同一社員得另行組織信用合作社的形式。

採這種形式最先成立的信用合作社，便是一八八五年設立的坡里尼信用合作社（Crédite Mutuel de Poligny）。

不過像這樣的二重形式是不便利的，當時農務部長梅林（Jules Méline）擬改正法律而提出議案於議會，但有種種阻礙，結局是頒布了一八九四年十一月的農業信用合作社法。依該法規定，農業信用合作社須有一個或一個以上農業森第開社員的全部或一部份方得設立。森第開本身仍然不得經營信用事業，而可另行組織農業信用合作社。如是梅林的提案沒有通過，可是這裏確立了農業信用合作社的法律基礎，其後得以活潑發展。

平民信用合作社　再則，在此以前，一八六七年曾頒布關於設立不限制股款的社團法人的法律（認許因社員之加入及退出而增減股款者，乃一種合作社法，法國除此以外別無合作法規），根據該法，設立了若干信用合作社。但皆是平民信用合作社。

其中主要的，爲一八七〇年俾舍倡導設立的基督教主義平民銀行（至七六年，其數已達十八）一八九〇年羅斯坦（F. Rostand）在馬賽設立的許爾志式平民信用合作社，及路易都蘭倡議的雷發巽式信用合作社等。但都默默不振，遠不及上面農業森第開併設的信用合作社之發達。一八九六年森第開併設的信用合作社數達一、五〇〇，而此不過一〇〇左右。其原因蓋由於政府深怕此等平民信用合作社與政治運動有關係，而加以壓迫之故。但自一九〇五年後，政府已改變態度，并已給予補助金，採助長的態度。因此，就中都蘭派合作社最爲發達，一八九三年有合作社一七，而一九〇五年增至四四三，一九一一年增至六六九，社員人數竟達三萬人。

政府的助成　上述的法國信用合作社，幾乎主要是農業信用合作社，尤其在一八九〇年後特別發達。

而政府對之也努力助長，一八九七年法律規定由法蘭西銀行提供資金於政府，作爲放款給農業信用合作社之用。其金額定爲至一九二〇年年底止，提供無利息資金四千萬法郎，及至同年年底止，每年六月分期納付兌換券發行稅於政府，金額須超過二百萬法郎。而此等資金皆由政府用作貸給農業信用合作社的放款。

又爲分配此等助成金於各個合作社起見，特於一八九九年頒佈法律，設立縣金庫於各地方，以爲轉達機關。

再則擬議設立國立中央金庫，亦曾由當時社會黨首領佐烈提出，但因鑑於前述農業信用銀行的失敗，故贊同者尙少。

然在歐洲大戰後，政府頗重視農村復興及國力培養，乃於一九二〇年八月五日新頒法律，而集成從來關於農業信用合作社諸法律，同時設立國立中央金庫（Caisse Nationale）。於是系統的農業信用制度乃告確立。卽法國農業信用合作社，自一八九四年所頒之法律以來，國家的助成日益濃厚，尤其在一九二〇年法律國家的機構化的色調更形強化。

法國農業信用之國家統制　茲依據一九二〇年法的農業信用機關的系統化，圖示如左：

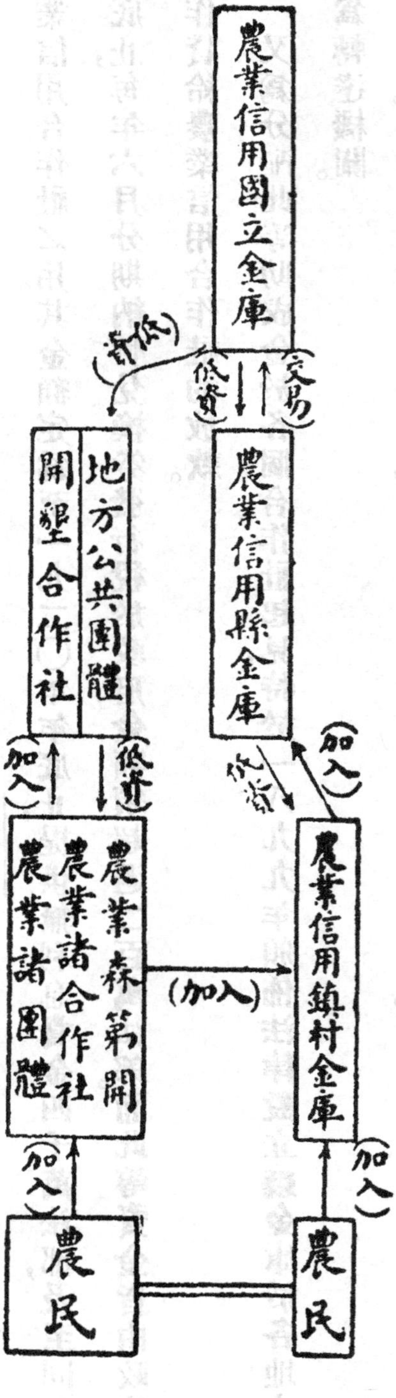

卽系統列爲三階級，而以原來的鎮村農業信用合作社作爲「農業信用鎮村金庫」（Caisses locales de crédit agricole mutuel），其上設縣金庫，更於中央設國立金庫，而統轄一切農業

信用事業。

國立金庫受農務部長的監督，而接受政府的低利資金發付於系統合作社。又設置資金分配委員會作爲諮詢機關。縣金庫是直接連絡鎮村金庫的，而農業森第開及其他農業合作社，諸團體，亦得加入。鎮村金庫直接以農民個人爲社員，但農業森第開合作社等亦得加入。而後農業上的信用，不拘屬於個人或團體，一切皆統制於國立中央金庫。

一九三三年六月三十日統計，縣金庫爲九八，鎮村金庫六、一六二，加入的農業者，計五四萬人。而此外尚有農業森第開的社員約一五〇萬人與諸合作社諸團體所屬五五萬農家，皆包含在此系統之內。

復次，一九二〇年的法律關於國庫低貸放款的規定，分爲短期、中期、長期三種。短期放款爲貸付肥料、飼料、種子、農具等項的購買資金，一九三三年六月，其金額達一、〇七四百萬法郎。中期放款主要是家畜購買資金，爲十年以內的放款，同上年度其金額達一、〇〇九百萬法郎。長期放款分爲個人放款與團體放款。個人放款每人以六萬法郎爲限度，規定二十五年內償還，用途爲同定設備，或小農地維持同上年度，放款金額達一、〇〇六百萬法郎。又長期團體放款，爲諸合作社或團體建築物資金的放款，同上年度金額爲三四三百萬法郎，受融通的合作社凡三千六百。以上的放款金都是國庫的低貸放款金，而同上年度止，政府已供給的金額達一〇、七七〇百萬法郎，其中除七、二七六萬法郎已償還外，現尙有三、四九四百萬法郎仍爲上面各種放款中。

第四節　俄國信用合作運動

俄國的國情　在前章已詳細敍述，俄國是世界的大農業國，因此，無論那一種合作社，它的特徵便是都建基礎於農業之上。信用合作運動也幾幾乎限於農業信用，與上節法蘭西的情形正復相同。

再則俄國各種合作運動都開始於一八六五——六年農奴解放之後。

蓋農奴解放是打破了地主與奴隸的封建的陋習之社會變革，同時是俄國農民經濟根本的變革，由此開始由自然經濟轉入貨幣經濟。卽原來是自給的農產物成了商品而貨幣化，交通發達跟着國外市場也就擴張，十九世紀末輸出額六億盧布中百分之七十以上是農產物，這都在前章述及。因此在農業上資本也益形重要，信用合作社發生之社會的要因也被釀成了。

俄國信用合作社的二種形式　俄國信用合作社有兩種形式。一種是貯蓄及放款合作社，一種是只以放款爲目的的信用合作社。貯蓄及放款合作社以社員的股款而設立，乃模倣德國許爾志式信用合作社，但後者放款信用合作社則不要股款，而向國庫借受所需的資金而設立，而經營事業。此點頗與雷發巽式合作社相似。

此等信用合作社的發展，大體可分爲三期觀察。第一期是一八九五年的法律頒布以前，當時只設有貯金及放款合作社。第二期則自一八九五年以後至一九〇八年舉行第一次全俄合作事業大會爲止，此時期內，因一八九五年的法律頒布，放款信用合作社遂於政府援助之下而發達。第三期則自該大會以後，直至蘇維埃政權樹立爲止。

第一期　也像各國各種合作社一樣，俄國的信用合作社最初也由時代先覺者倡導而發生的。即一八六五年可斯脫洛馬縣的富裕地主露基寧兄弟在多羅伐脫夫村最初創設貯蓄及放款合作社。露基寧是許爾志的友人又是門弟子，他擬將許爾志式合作社也傳入俄國。可是許爾志式合作社是平民信用合作社，對於農民幷不適宜。尤其俄國的農民都極貧困，似此開首卽須繳納股款，究竟不能使得一般農民參加。於是後來，不納股款的放款合作社成爲必要的理由，且因而成爲壓倒股款組織的貯蓄及放款合作社的理由。

然而露基寧的功績是不能埋沒的。因他的倡導信用合作的思想得以普及於俄國有識者間。他與同志雅柯列夫共同著書宣傳合作思想，又推伐爾西柯夫公爲會長而設立合作委員會，該會卽作爲俄國信用合作社的中央會而活動。其結果在此期間內成立了六百以上的貯蓄及放款合作社，有社員二十二萬人，及二千九百萬盧布的週轉資金。

不過此時代，政府對於合作運動仍用猜疑的眼光，無異抱厭視的態度。

第二期　一八九一年恰值大起飢荒，農民生活極呈困窮，於是政府也焦思枯慮於籌謀對策，結果設立信用合作社，企圖從事低資的供給。但因鑑於上述貯蓄及放款合作社不適宜於貧農，因此，政府於一八九五年六月頒布關於小信用組織的法律，而另外國家援助的放款信用合作社亦已設立。這是向國立銀行借受所需的資金而設立的。農民入社無須繳納股款，而即得受資金的融通。向國立銀行所借來的資金，以社員連帶負責任，於二十年以內分年償還爲條件。故該放款信用合作社雖稱爲合作社，然無異是政府的資金配給機關。

總之，該法律的頒布，兩種信用合作社已取得法人人格，此後十年間先後設立了六五八放款信用合作社，及四三三貯蓄及放款信用合作社。

信用合作運動與柴斯特福　再則，對於該時代信用合作運動會大加援助者，便是柴斯特福（Zemstvo）。柴氏一八六一年頒行農奴解放令而廢止領主的支配制度，繼代以一八六四年法律規定的地方制度。由各州居住州內的不動產所有者選舉委員組織地方自治委員會，其目的在於開發地方產業，及增進居民經濟的福利。因此，或設置農事試驗所，或助成諸種農業合作社，就中亦經獎勵作爲農民金融機關的農村信用合作社的設立。爲此曾供給不少資金在各處設立貯蓄及放款合作社，可是結果大致上是失敗了。蓋因對於教育程度尙屬低劣的農民，雖給他們組織合作社，但他們幷不理解合作社是爲的什麼，簡直毫不關心。

然因一八九五年頒布的法律承認上述的放款合作社，柴斯特福氏又努力援助此種合作社的設立。尤其是一九〇四年信用合作社不邀政府許可，而因得柴氏之參與，得以根據法律而設立，故柴氏對於合作運動益加熱心。而同年的法律也認許柴氏的小信用銀行，因得以該銀行援助信用合作社。

第三期一九〇四——五年間，日俄戰爭發生，戰敗之後，策劃振興農業，而自一九〇六年至一一年間施行上述斯脫歷賓的農業大改革。結果破壞了村落共同態的米爾制度，而多確立了小私有地，同時農業集約化跟着進展，因而農民的資金需要益益迫切，於是，遂促進信用合作運動的重大發展。

職此之故，一九〇八年在莫斯科舉行最初的全俄合作事業大會中，遂決定信用合作社全國的中央機關有設立的必要，而於一九一二年開設「莫斯科民衆銀行」（Moskovsky Narodny Bank），該銀行不僅爲信用合作社的中央機關，且是所有各種合作社的中央金融機關。股本最初爲百萬盧布，此後急速增加，至一九一七年已增至一千萬盧布，其分配比率如左：

	股東數 一九一二	股東數 一九一七	股份數 一九一二	股份數 一九一七
信用合作社及其聯合會	一、〇六七	二、〇七一	二、三六二（五九・〇）%	五、五六八（六九・六）%
消費合作社及其聯合會	二三〇	四四八	七六三（一九・〇）	九六三（一二・〇）
農業合作社及其聯合會	六一	一四六	一七九（四・五）	四六〇（五・八）
其他合作社	二五	八七	八六（二・五）	三六二（四・五）
私人	一六五	一七〇	六一〇（一五・〇）	六四七（八・一）
計	—	—	四、〇〇〇（一〇〇・〇）	八、〇〇〇（一〇〇・〇）

俄國農村信用合作社，不單是經營信用事業，同時還兼營販賣及購買事業。販賣物品爲穀物、果實、大麻、肉類、卵等，購買物品爲農具、種子、肥料等。除此等產業用品之外，其他經濟用品亦多採辦。這如前章所述，是由於俄國農家的密聚部落制。能因而因地方情形也有和消費合作社對立的。但莫斯科民衆銀行關於經濟用品採辦事業則讓給消費合作社中央聯盟（Centrosoyus）經營，而自營農具肥料等產業用品的批發事業。又對於販賣事業上特在倫敦設置代理所，委托辦理穀

物輸出事宜。

又，因購買事業的發展，民衆銀行的購買部遂獨立設立，而於一八一八年六月組成俄國農業購買合作社聯合會（Selsko-Soyuz）。

如是，俄國信用合作社在此時期中極呈發達，其數字有如左表：（表三三）

表三三　一九〇五年後俄國信用合作社之發達

社名＼年次（一月一日）	一九〇五	一九〇八	一九一〇	一九一二	一九一四	一九一六	一九一七（十月十五日）
貯蓄及貸付合作社	九二四	一、二三五	一、七八六	二、五九三	三、四三〇	四、〇七八	四、三六五
貸付信用合作社	五一七	一、九二〇	三、六一〇	五、九四〇	九、三二〇	一一、三七二	一二、一一四
計	一、四四一	三、一五五	五、三九六	八、五三三	一二、七五一	一五、四五〇	一六、四七九
社員數	千人 五六四	一、三八四	二、六一〇	四、七四七	八、一五三	一〇、〇八四	一〇、五〇〇

基於上表一九〇五年度以貯蓄及放款合作社爲多數，但此後放款信用合作社急速增加，一九一二年以降占總數百分之七十以上。又據上表，一九一六年社員增至一千萬人，爲俄國農家數的三分之一。

又，與前揭第十九表消費合作社數字比較，則在一九一七年革命前止，信用合作社居俄國合作事業中的第一位。

革命以後　一九一七年克林斯基革命發生，頗擁護合作運動，而益使信用合作社發展。但同年十一月蘇維埃政權樹立，布爾雪維克派認爲合作事業是個人主義的改良主義的東西而加以排斥，只是利用消費合作社作爲物品的配給機關。尤有進者，信用合作社是以貨幣流通爲前提而成立的東西，而革命剛後的蘇維埃政府曾經廢止貨幣制度，故信用合作社連成立的基礎也就喪失了。但及後施行新經濟政策，認爲信用合作社也是接近社會主義經濟的東西，遂於一九二二年一月頒布法令，許可自由設立。於是信用合作社再度發達。根據民衆銀行總經理巴爾氏統計，當時以後的信用合作社數字如次：

一九二四年十月一日	五、〇〇〇
一九二五	八、九四五
一九二六	九、一一五
一九二七	八、四三三
一九二八	八、八〇〇
一九二九	九、五〇〇（估計）

然至一九三〇年一月信用制度改革法頒布，信用事業採國營化，國內交易的短期信用皆由國立銀行直接貸款給合作社，因此一方面次章所述的柯爾霍芝（Kolkhozi）隨之發展，而單純的信用合作社漸次消失了它的意義，多數合流於農業合作社。最近的數字已不清楚。

農業信用的國營化　蘇維埃政府在革命期間已宣布銀行國有化，但莫斯科民衆銀行則用作合作社（主要是消費合作社）的金融機關而例外許可繼續存在。但一九二一年四月又下令另行設立消費合作社的中央信用部，翌年該部獨立設置略稱爲波可銀行（Poko bank），民衆銀行遂合併於該行。更於同年八月加入手工業者合作社，出股款約占百分之二十二。

然不久在該行同年十二月四日舉行的會議中，決議將波可銀行可擴張爲整個的合作事業銀行，乃於翌年（一九二三年）成立維寧可銀行（Vseko bank），即爲全俄的合作事業銀行。該行當初資本額，每股一百盧布，總額爲一千萬盧布，所有股份，消費合作社占六二・八%，農業合作社及信用合作社占二五・一%，手工業生產者合作社占一〇・九%，其他各種合作社占一・二%，其後股款急速增加，至一九二五年增爲二千萬盧布，二六年六月增爲三千萬盧布，二八年增爲二四萬盧布，至一九三三年一月資本總額已達約七千萬盧布，週轉資本一三億盧布，所加入的合作社計有一五、八七〇。

一方面，政府對於一般農業信用，最初在國立銀行中設置農業部，作爲它的中央機關，但後於一九二四年獨立設立中央農業銀行，同時在各地置地方農業銀行，農業資金皆由中央農業銀行供給經由地方農業銀行轉付給信用合作社，農業合作社，柯爾霍芝（Kolkhozi），國營農場及其他各種合作社，各團體等，藉以圖謀農業金融的國營化。然至第一次五年計劃實施時，政府對於國營化益加積極，尤其是爲促進由柯爾霍芝以實現農業的社會化起見，一九三〇年一月頒布信用制度改革法，規定今後國內交易一切短期信用直接由國立銀行付給各合作社，農業銀行的名稱也改爲農業合作柯爾霍芝銀行（Sojus Kolkhozi bank），原來的地方農業銀行完全合併改作它的支店。而長期信用及國外合作交易則交由維爭可銀行分掌。并有前述的莫斯科民衆銀行在倫敦所設支店，辦理合作事業的海外貿易。

第五節 總括

世界信用合作運動概況 發源於德國的信用合作社，在城市及農村經濟上正形成巨流而與資本主義的發展同時發展於世界各國。就上述德、意、法諸國的信用合作運動來觀察，互相間都深有思想的交流。不過爲其基調的，便是資本主義的發展，且在它初期乃是發生於資本集中過程尚未進到高峯時代的小產者信用運動。

茲因不能一一將各國信用合作運動詳細敍述，故特表列出來以見一斑。但最近關於此種綜和的材料缺乏，故由種種書籍搜集而來，揭示如左：（表三四）

表三四 世界信用合作社現勢（括弧內社員數）

國名	年度	農村信用合作社	城市信用合作社	計
德國	一九三六末	一九、三六二（約二六萬人）	一、六九四（約二七萬人）	二一、〇五六（約三四萬人）
澳大利	一九二九	一、七七八	五二七	二、三〇五
意大利	一九三一	二、二三三	五三一	二、七六四
瑞士	一九三一末	五六〇	—	五六〇
法國	一九三六、六月	六、二六二（五四萬人）	約一〇〇	約六、三六二
比利時	一九三三			二〇九
荷蘭	一九三一末	五一七	九〇	六〇七
瑞典	一九三三			六〇〇（四萬人）
芬蘭	一九三〇末			一、四一六
蘇俄	一九二七、十月	六、四七七（一、〇五五萬人）	—	六、四七七（一、〇五五萬人）
	一九二九	約九、五〇〇	—	約九、五〇〇
波蘭	一九三三	四、九六一	三、八四九	八、八一〇
捷克斯拉夫	一九三二末	五、二七八（九四萬人）	二、四二三	七、七〇一

匈牙利	一九三二			一、〇一六（三九萬人）
羅馬尼亞	一九三二			五、二三五（[illegible]萬人）
南斯拉夫	一九三二			四、[illegible]（[illegible]萬人）
保加利亞	一九三二			一、四七四
加拿大	一九三二			二三（十萬人）
北美合衆國	一九三〇、十月			一、五〇〇（三〇萬人）
墨西哥	一九三二	一九（三萬人）	—	五九一（三萬人）
中華民國	一九三三、六月	三、九[illegible]（約九萬人）	—	三、九[illegible]（約九萬人）——估計
日本	一九三二	一二、三五九（三九[illegible]萬人）	二六[illegible]（二七萬人）	一四、五五[illegible]（四一〇萬人）
英領印度	一九二九—一九三〇	八[illegible]、五五四	五、一一四	八七、六六八
暹羅	一九三三	一五〇（三千五百人）	—	一五〇（三千五百人）

綜上表觀之，信用合作社數最多的國家，在歐洲以德國為首位，依次為俄國、波蘭、捷克斯拉夫、法國、羅馬尼亞等，都是農業國家。

英國　但在英國、愛爾蘭及丹麥等國，信用合作社幾無發展，沒有足以計列的。這究竟是什麼原因？據英人費氏（C. R. Fay）在所著「國內及國外合作事業」一書中，述其理由如次：

信用合作社在英國所以不發達的原因，就都市方面言，一則產業革命的發展與他國不同，工銀生活者無發生要求信用的必要；再則銀行制度特別發達，對於小產者階級也很容易利用，此點在蘇格蘭尤爲顯著。又在農村方面，英國的土地已兼併於大地主，而農業經營者都是借地企業農家，所以此等農業者土地資本都一併向地主借來。並且大農與小農不同，是可以自由利用個人銀行的。因此，英國無論在都市，在農村，信用合作社組織都不必要。

丹麥　丹麥是一個小農國，其他各種合作社都很發達，然信用合作社則反是，這是什麼原因呢？第一點理由便是個人銀行極形民主化的組織，小產者間也能好好利用。但主要原因則基於丹麥農業的性質。這就是他們不營穀作而以畜產爲唯一業務。其結果，資本週轉迅速，沒有像穀作春天投下資本至秋季收穫時收回那麼長久等待的必要。即畜產上每日賣豚賣牛乳，資本能夠不息地循環。因此，丹麥農民是不要求前借信用的。至於愛爾蘭，農民也以畜產爲主，與這裏完全同樣。因而在愛爾蘭也是農業合作社多有發達，可是信用合作社不大產生。要之，信用和衣服食物不同，而是在我們的生活上，須有需要的條件的。所以可說，沒有條件，信用便不產生。

亞美利加　在美洲諸國，信用合作社也不怎樣發達，其理由大概就像英國一樣罷。如前所述，美國的合作運動主要是農產物的販賣合作社。

印度　反之在印度信用合作社倒是顯著的發達，其數為世界各國冠。它的理由可以求之於與日本及俄國同樣地貧農太多的事實罷。印度信用合作社之現勢有如次表：

年次（年平均）	農業的 合作社數（內信用合作社）	農業的 社員數	非農業 合作社數（內信用合作社）	非農業 社員數
		百人		百人
一九〇六—一〇	一、七二三	一、〇七六	一六六	五四二
一九一〇—一五	一〇、八九六	四、五九一	六六四	八七三
一九一五—二〇	二五、八七三	九、〇三九	一、六六二	二、二六〇
一九二〇—二五	五一、七一六	一六、六六二	四、一八三	四、九三五
一九二六—二七	七六、九四〇	二六、三二六	八、一三三	七、九九九
一九二七—二八	八四、九五九（七八、五四九）	二八、七六七	九、〇九二（四、七〇二）	九、〇三四
一九二八—二九	八八、三六七（八二、〇〇九）	三〇、一〇〇	九、七六一（五、〇四〇）	九、九二五
一九二九—三〇	九一、七八六（八三、五五四）	三二、一七六	一〇、三五五（五、一二四）	一〇、五九〇

信用合作社的地域性　在歐洲，消費合作社的發達以萊茵河爲境界劃分，但在德國的信用合作社的地域則以易北河劃分，這已詳述於前節。蓋其理由即因中小農比較是信用合作運動很好的要素。因此，信用合作社在各國當然主要發展於農村，猶之消費合作社發展於都市一樣。故在上表中，德國信用合作社九二％是農村的合作社，印度九四％，日本九八％的比率，都是農村信用合作社。法國已發達的農業森第開，主要是小農最多的西部地方。

信用合作社的二種形態　信用合作社之分爲城市和農村兩種，幷不只是因爲它的地域的差異。這在德國的情形則城市信用合作社是單營信用事業，同時有小市民的意識形態。即依存利潤的觀念強固。至農村信用合作社則信用的本體倒是在其次，而原來是在於助成產業爲目的。故得兼營其他事業，以融通產業資金爲本位。這種事實，觀察農村信用合作社的場合，可以深加注意的。

大戰後　關於信用合作運動的狀況，可以注目於兩點。一點是合作社的強化，力弱的被解散或被合併，強者則進行擴大化。尤以城市信用合作社爲顯著。就德國情形看來，如上表（三一）所示，每一合作社平均社員數是傾向增大的。又聯合會也可看到趨向合同化的。這也許是如上所述，是一般資本集中過程的當然影響罷。第二點，信用合作社之國家助成的色彩比之他種事業較爲濃厚，尤其自大戰以後更爲顯著。又如上述，在進行國民經濟的國家統制化的德、意、俄等國，信用合作社也趨向國家機關化了。

第四章　農業合作運動

第一節　十九世紀末歐洲農業恐慌與農業合作運動

農業恐慌　如上所述，在歐洲諸國產業革命發生資本主義經濟發展時，第一次發生的合作運動乃是都市平民及勞動者的消費合作社。而稍遲第二次所發生的便是信用合作運動。這尤其在銀行制度缺乏，又不得利用銀行的小農者間，多發達了農村信用合作社。

然至十九世紀初葉，農業也因緣資本主義的好況時代，農產物只管走入向上過程，但不旋踵，就出現了資本主義必然的恐慌。這尤其在十九世紀後四半期間，所謂十九世紀末的歐洲農業恐慌，發生最爲激烈。此次恐慌以空前的深刻與繼續性風靡歐洲諸國約二十年間，各國的農業以至社會的諸關係因而爲之一變，這正是歐洲農民永遠不能忘懷的歷史的受難。此時所發生的第三次合作運動，就是所謂農業合作社。因此，善爲考察此種合作運動，正是給予今日處於同樣苦況的農民極大的啓示。

不過，這種農業恐慌因各國而異其情形，在各種不同的形態而表現出來，所以那裏所發生的農業合作社也是各種各樣，而如消費合作社與信用合作社以一律的形式去敍述是不可能的。即如在法國則發生農業森第開，在丹麥則發生畜產物加工販賣合作社，但在俄國則各種農事小合作社發達，於是農業合作社一語是包括此等的總稱。

穀價的變動　業如前章詳述，自十五六世紀的科學進步與交通發達之相輔而行而擴大了生產與消費的部面，農業亦因科學的進步而增大其生產力，耕地也顯著擴張了。然而國際經濟的發展與人口的增加使需要比之生產也較急速地增大，從而農產物價格在十九世紀初十年間，不絕趨入向上過程。據李亞西淸可氏統計，有如次表：

英國	十五世紀前半	小麥每夸爾(quart)七先令一辨士
德國	十七世紀後半 柏林	小麥七四馬克五〇辨士每噸

十六世紀前半	一二先令
十七世紀	三九先令
十八世紀	四一先令
十九世紀初（一八一二年）	一二六先令六辨士

十八世紀後半	一二五馬克三〇辨士
十九世紀初（一八〇五年）	三三二馬克

農產物價格這般的騰貴，其必然的結果使地租顯著騰貴了。在英國的報告上，自十八世紀末至十九世紀初頭十年間農業地租騰貴至七成乃至一倍。但像這般的地價以及地租的騰貴，一方面使資本固定於土地，而沒奪流動的經營資本，因之在工業上妨礙了技術的急速的進步。而一方面新土地也遂多被開墾，并且因到了一八一五年間豐年相續，一八二〇年後此種穀價上昇停滯。其結果在當時對英為穀物輸出國的德俄等國，穀價下落，農民啣形困窮。然進了一八四〇年代，工商業的發達使需要增大，歐洲農業乃再度趨於向上過程。例如在英國小麥價格最低下的是一八三五年的三九先令四辨士，但此後再行上昇，至一八六七年達到最高點為六四先令五辨士。

不過在此時期也有部分的被襲於凶荒或病蟲害，因而也有困窮的地方，就中如一八四〇年末期，在德國南部地力相繼發生凶荒及馬鈴薯病害，因而農民經濟窮迫，土地負債激增，而發生了信用合作運動，已如前述。

恐慌的原因　此時，自一八七〇年至一八九〇年後半期，發生了連續的歐洲農業恐慌。以從來未有過的深刻與廣佈而泛襲歐洲各國，其原因和結果，對於美洲及其他世界各國是有很大的關係的。

第一，主要的原因便是在新大陸美洲農業的偉大的發展，所謂農業革命。第二，這種變動的傳播者即是由於交通大發達的世界市場的完成。第三，其結果，歐洲農產物價格尤其是穀價的大趨崩落，於是引起各國發生各種合作運動。

一、美洲農業的大發展　新大陸美洲自十九世紀中葉，移住民急速增加（表三六a，）結果耕地急激開發（b），農場數顯著增大（c）。

這般農業的發展，不只是合衆國，但在南美則以牧畜為主，而在合衆國則以棉稻耕作為主。因而對於廣大的耕地，以勞力不足，遂必然地使用牲畜力及大農具，這對於歐洲原來勞力的小經營

表三五　十九世紀後半期美國農地之開發

	a.移作民數（千人）	b.耕地面積（百萬英畝）		c.農場數（千個）	
一八五五——六四年平均	一五○	一八五○年	二九四	一八五○年	一、四四九
一八六五——七四年	三三四	（國土之一五·八%）		一八六○年	二、○四四
一八七五——八四年	三八九	一八八○年	五三六	一八七○年	二、六六○
一八八五——九四年	四五三	一八九○年	六二三	一八八○年	四、○○九
一八九五——一九○四年	四六二	一九一○年	八七九	一九一○年	五、三六二
一九○五——一四年	一、○一二	（國土之四六·二%）		一九二○年	六、四五○

而言，這種利用機械力的大經營卽是農業革命。其結果，遞減了生產費，且在肥沃的土地不需肥料而多得收獲，致使美洲出產的農產物價格極其低廉。而一八六一年南北戰爭發生，林肯統一全美，翌年頒布農地家產法，農業益形發展。於是大量的農產物以極低廉的價格向歐洲輸出。據諾威爾氏說當時美國小麥的生產量和輸出額有如下表：

單位百萬布雪爾 (bushel)

五年間平均	小麥生產量	小麥輸出額
一八八〇—八四	四六四	一四〇
一八八五—八九	四三五	一一四
一八九〇—九四	四七七	一六七
一八九五—九九	五二九	一八一
一九〇〇—〇四	六二六	一六四

二、世界市場的完成　十九世紀中葉，世界市場尚未形成。據褚爾葛氏統計，當時國際穀物交換量為七四〇萬匡塔爾(quintal)但至一八七〇年世界穀物交易總額已達四億匡塔爾，至歐洲大戰前之五年間平均世界穀物貿易額已達八億匡塔爾半。蓋在一八一九年美國汽船沙灣拿號橫斷大西洋以來，汽船數量急速增加。一八三六年汽船噸數僅為六・八萬噸，但至一八七〇年已增至一一〇萬噸。汽船這般發達，遂使運費低廉，自紐約至利物浦間的小麥運費，每一夸爾(quart)一八六八年平均為四先令七辨士半，至一八七五年為五先令七辨士半，但至一八九一——五年低減至一先令八辨士。又紐約至漢堡間的汽船運費，每百磅在一八八九年為七八馬克者，一八九五年減至半數三七馬克。此後世界交易益形便利，美洲低廉的農產物向歐洲襲來了。而

地租及工銀高昂的歐洲農業生產物，到底不能對抗的。例如當時英國小麥生產費，在隨福克伯爵領地及諾爾福克伯爵領地，在一八九〇年間，每夸爾爲三七先令四辨士，但在美國只不過一六先令。再加上運到英國的海陸運費，也不過二〇先令內外。因此，如此低廉穀物的襲來，遂使歐洲穀價急激的崩落。據恩斐爾德氏計算，其騰落的比率有如下表（表三六）。

表三六　十九世紀後半期歐洲農產物價格之變動

	一八七一—七五年平均價格比一八四六—五〇年平均價格上昇百分比	一八九四—九八年平均價格比一八七一—七五平均價格下落百分比	一九〇六—一〇年平均價格比一八九四—九八年平均價格上昇百分比
小麥	六%上昇	五一%下	一七%上昇
燕麥	一四%	三八%	一一%
大麥	二五%	三九%	四%
牛肉	五五%	二九%	一六%
羊肉	三四%	二五%	一六%
豚肉	二五%	二六%	二〇%

馬鈴薯	一%	三九%	四%
牛油	四〇%	二五%	一七%

這就是十九世紀末的歐洲農業恐慌，是最初資本主義的國際恐慌，歐洲各國農業者受了約二十年重大的苦難。

再則當時侵襲到西歐的低廉農產物，不僅限於美國的，即歐洲的俄國及巴爾幹諸國農業地也是小麥輸出國，其結果形成二重的供給。據高爾茨計算，(A)北美小麥輸出額，一八六一年至七〇年間，每年爲二、二〇一萬布雪爾(bushel)，一八七一年至八〇年間，每年爲六、七〇〇萬布雪爾，一八八一年至九〇年間，每年爲八、三三六萬布雪爾。(B)俄國的小麥輸出額，一八六一年至七〇年間，每年一、三三二竡(hectolitre)，一八八一年至九〇年間每年二、九五四竡。(C)東印度的小麥輸出額，一八七一年至八〇年間，每年三〇〇萬布雪爾，一八八一年至九〇年間每年爲一、七〇〇萬布雪爾。即自一八六一——七〇年至一八八一——九〇年間，小麥的輸出額，美國爲四倍，俄國爲二倍，東印度爲六倍。

三、農業合作社的發生　處於此種恐慌下的困窮的農民，其同樣地發生了的東西，便是合作運動。蓋對於恐慌的對策，一方面在遞減生產費，一方面在於較強的吸收收益。前者基本的方法，在於經營的集約化，及節約冗費，卽先由經營的共同化推行集約，再依共同購買以爲原料費的節約。而對於後者，則排除中間商人的介在，由直接在消費市場販賣以多得實收款，且可獲得因加工所產生的利益。這些活動，不消說，都可以根據合作社的組織的，並且在恐慌時金融逼迫之際，此等事業需要信用合作社的援助，也是不待言的。然關於這般的合作運動如何發生，如何發達，則因各國情形而異，茲爰分述於次。

第二節　英德的農業恐慌與農業合作運動

農業恐慌在英國的影響　前節所述十九世紀的農業恐慌，在英國的農業上發生了什麼影響呢？第一便是農業生產一般的縮少，尤其是耕地（Arable land）面積的減少。因穀價激落和地租低下，劣等的土地被放棄而化爲草牧場。蓋英國自一七七〇年以來，因產業革命而採取工商業立國政策，一八四六年的穀物條例撤廢以後，採行自由貿易，而對於外國穀物的輸入也幷沒有採取何等的防禦策。以是在一八七〇年初頭，小麥耕作面積三四〇萬英畝，而收穫八、二〇〇布雪爾的產量，但至一九〇五年，其耕作面積乃減至五〇萬英畝。即英國因此種農業恐慌，農業益益衰退，而至荒蕪化。而農業經營者和勞動者數如何地減退，由前揭第五表中也可以明白。不過在一方面資本主義發展的必然結果的飼畜集約化，即酪農及養雞業等都極發達，園藝亦顯著進展（如表五所示。）這就是農業恐慌在英國的影響一方既使農民生活困難，農業衰退而牧場化，而他方則發生了近代的園藝。

職此之故，英國農業合作運動之與農業恐慌幾乎少有關聯，因之幷無何等發達。

英格蘭　英格蘭的農業合作社，最初爲消費合作運動指導者們組織一、二個共同農作合作社（Cooperative Farming Society），但沒有成功。其後一八六七年，由英國合作運動的先覺者格利寧（Edward O. Greening）的指導，而在曼徹斯特市設立了農業及園藝合作社（Agricultural and Horticultural Association)。該社不久即遷設倫敦，乃是農業原料購買合作社，採用城市消費合作社的組織者。

該種合作社發達於各處，至一九〇〇年，遂於倫敦組織中央機關A·O·S（Agricultural Organization Society），嗣至一九二四年因財政上的困難而解散，今日農業合作社已無中央機關存在。一九三〇年，此種合作社數爲二三〇，有社員六七、五二六人，約占英格蘭農園業者數五分之一，每一年採辦額超過一千萬磅。大半是農業原料購買合作社，其他爲販賣合作社，主要經營酪農品、家畜、羊毛、雞卵、及果實蔬菜等。

威爾斯 威爾斯的農業合作社大致和英格蘭同，由於地理關係，規模較小，又大部份是農村購買合作社，除原料品之外，多採辦經濟用品。關於後者，與C·W·S交易，又獲得金融上的便利。

蘇格蘭 蘇格蘭的合作運動比英格蘭及威爾斯來得發達。現在有二〇〇合作社，一萬五千社員，一九〇五年組織中央機關蘇格蘭A·O·S。主要爲酪農販賣合作社，其次是羊毛或雞卵販賣合作社。購買上也是和C·W·S交易。

愛爾蘭 愛爾蘭的合作運動是由偉大的先覺蒲朗開特 (Sir Horace Prunkett) 倡導的。蒲氏曾將他的全部財產捐助合作運動，而於一八九四年成立愛爾蘭 A·O·S。其建築物即以爲紀念蒲氏，而稱爲蒲氏大廈 (Sir Horace Prunkett House)。因此，在愛爾蘭自初即已產生各種合作社，購買販賣及信用合作社等。但因實際的需要，其中發達了酪農及雞卵販賣合作社。今日計有合作社五百，社員十萬人，其中有二七四酪農合作社。又在購買事業方面，組織有愛爾蘭 A·W·S（農業批發聯合會），今日加盟合作社計有四七五，而與英國 C·W·S 聯絡貿易，此已如前述。

農業恐慌在德國的影響 德國與英國不同，已如上章所述，當時在她的帝國主義之下，以及多數大地主保有社會的勢力，故一八七九年以來，即採行保護關稅政策，尤因低廉的外國穀物的襲來，亦用高率關稅以保護國內農業。然而當時只恃德國自產的穀物是不足給養國民的，每年非依賴六分之一以至七分之一的輸入穀物不可，故低廉的外國穀物卒突破關稅壁壘而侵入了，一八七六年以來，使穀價低落的事實，在前表（二七）可以看出。又由保護關稅以維持穀價，結果保持地價的高昂，因而農家的生活反而困苦，以致多發生負債，猶如前章所述。其結果，尤其在小農地方，信用合作運動遂勃的發達了。

德國農業合作社　在這種社會情勢之下，此等農村信用合作社多兼營原料購買或加工販賣等事業。這種特徵尤其在一八七〇年後發達的哈斯式合作社中最為顯著。即如表（十六）所示，一九二五年哈斯聯合會的合作社，半數是事業合作社，就中以購買及販賣合作社，電器利用合作社，酪農合作社等為多數。此點，也可算是農業恐慌的間接的影響。

其次，德國農業合作社最近的狀勢，乃信用合作社減少，而酪農及其他利用合作社顯著增加，如下表：

年次	農村信用合作社	販賣及購買合作社	酪農合作社	電氣利用合作社	其他	總計
一九二九年末	二〇、四五七	四、六二四	四、五九五	一一、一六九		四〇、八四五
一九三〇年末	一九、九一〇	四、三一一	四、九五六	五、八六三	五、四六二	四〇、五〇二
一九三一年末	一九、三六二	四、〇七七	五、九九一	五、六六五	五、六七七	四〇、七七二

第三節　法國農業合作運動

農業恐慌的影響　如前節所述，歐洲農業恐慌之在英德兩國，因為國情關係，直接影響的地方不多，但在法國則反是，所受影響的情狀極為重大。蓋法國自一八六〇年以來，因拿破崙三世採行自由貿易制度，外國穀物也得自由輸入，故其低廉的價格驟然形成法國的穀價低落。即一八七〇年間每一兮爾值二三·一法郎的小麥價格，至一八八〇年減為一八·九法郎，更至一八九〇年減成一六·九法郎。在二十年中間下落百分之二六。從而農民的收入也低減二成至三成，而因一八八七——八年至一八九一——二年的凶荒，更形悲慘。

當時的農業狀態　亦如初章所述，法國與英國等不同，人口大半是散在地方的（表八），國民食糧的生產與消費至二十世紀初頭猶幾乎是自給自足狀態。（表三七）

表三七　一九〇三——一三法國食糧之生產與消費

自一九〇三至一九一三年平均	生產額	消費額	生產額對消費額之比率
小麥	八八、四三一千公升	九六、七一五千公升	九二．六
黑麥	一三、〇九二	一三、三三一	九八．二
大麥	九、七四五	一〇、七九六	九〇．二
燕麥	四六、六〇七	四五、八一三	一〇〇．九
蕎麥	四八、五九七	五一、六三七	九四．[illegible]
馬鈴薯	一三四、二〇四	一三三、一五二	一〇〇．七

表三八　一八七〇——一九〇〇年間法國各種職業人口比率

	一八七〇	一八八〇	一八九〇	一九〇〇
農漁礦業	四九%	四六%	四〇%	三八%
工業	二〇	二〇	二二	二二
商業及運輸業	一〇	一一	一五	一六

自由業	一三	三	一四	四
使用人	八	二〇	一九	二〇

，因此從事農業者約占國民之半數（表三八），而其大部份是小農（註參照表十）。

注：根據表（十）一八九二年，一九〇八年法國農場之大小比率則八五%為二五英畝以下的小農場，如次：

		過小農場（二·五英畝以下）	小農場（二·五——二五）	中農場（二五——一〇〇）	大農場（一〇〇——二五〇）	巨大農場（二五〇英畝以上）	共計
一八九二年	實數	二二三·五萬	二六一·八	七一·一	一〇·五	三·三	五七〇·二
	比率	三九·二%	四五·九%	一二·五%	一·九%	〇·六%	一〇〇·〇%
		八五·一%			二·五%		
一九〇八年	實數	二〇八·八萬	二五二·四	七四·六	一一·八	二·九	五五〇·五
	比率	三七·九%	四五·九%	一三·六%	二·一%	〇·五%	一〇〇·〇%
		八三·八%			二·六%		

合作運動　在這般的小農地制，土地的動員容易自由進行，經營的集約化也是比較容易的，但那裏所要求的便是資本的供給。而因恐慌而發生的農產物價格低落，和金融的逼迫的關係，如前章所述，多數信用合作社也發生了。但同時經營的集約化，營園藝或營畜產代替穀作的傾向，亦形強盛。蓋因恐慌主要乃表現於穀物價格之上，蔬菜果實及畜產物價格的低落，比率上是很少的，如上揭表（三七）中可以看出。而當時汽船還沒有冷藏庫的設備，由遠隔的地方輸送上是不可能的。尤其在法國當時很需要葡萄栽培和溫室園藝。在這些生產物的販賣上，集貨所及調製加工所是必要的。又因種子、藥劑、肥料、飼料等的購買也是必要的，於是合作運動必然的發生了。

農業森第開　然法國的合作運動是在所謂農業森第開的特殊形態上而發生的。所謂森第開乃是根據一八八四年三月二十一日頒布的同業森第開法（Lai du Syndicat Proffessionnels）而組織的合作社，是對於當時的經濟不況，為工商業者及農業者作為一種互助機關而設立的。因而也有工商業者的森第開，但在都市方面主要是由勞動者組織，其結果猶如英國勞動工會一般的發達。它的中央聯盟稱為勞動者總聯盟　C·G·T（Confédération générale des

Travailleur），它的運動卽有名的所謂森第開主義。然而在農村方面則爲經濟運動而發展，成爲法國農業合作運動的主幹。

不過，一八八四年的森第開法，目的只是在於「攻究商業及農業的經濟的利益並擁護之一者，法律人格也還沒有承認，所以當時的森第開是一種準合作社的組織。因此，當初森第開本身是不許可從事共同購買販賣之類的經濟行爲的，其後一九〇一年的改正法頒布後，始得承認，此後農業森第開得以暢旺地經營購買及販賣事業。又，其以技術的研究作爲目的的，便是葡萄栽培改良合作社等爲最有名。

總之，當初雖在這般不完全的規定，和當時的社會狀勢之下，亦以合作運動爲必要，而至設立了多數農業森第開。

根據愛爾蘭斯拖馥氏（E. A. Stopford）親歷視察法國的合作社的扎記（Notes on agricultural Cooperation in France.）所說，當時在農業恐慌的永續之下，政府也不繼續救濟，農民自己是多麼地痛感了孤立無援。他們耕作上既沒有肥料，也沒有種子。這時，他們是必然地自覺了合作自助的合作社組織，而恰基於一八八四年的法律，而用了農業森第開之名義，但內容即是合作社。他們依據這種合作社而由協同的自助的力從事互相救濟金融、保險、購買及生產物共同販賣等事業。

而他們在地方間既經設有半官組織的農業研究會（Comices Agricoles），及經營肥料飼料等共同購買事業，嗣於森第開法發布後遂即分設於各地。即同年七月已設立合作社五，至翌年七月乃增至三九。其發達過程，有如左示：

年次	一八八四年七月	一八八五年七月	一八九五年七月	一九〇五年十二月	一九一〇年	一九一四年
合作社數	五	三九	一、八八八	三、一一六	五、〇〇〇	六、二〇〇
社員數	?	?	四〇三、二六一	六五九、九五三	七五〇、〇〇〇	九五〇、〇〇〇

農業森第開的事業　農業森第開的事業大別有三種。(一)合農業設備以及農業技術的改良。例如土地改良耕地整理，農業機械的使用，化學肥料的施用，及家畜的改良等。(二)肥料種子等的共同購買及生產物共同販賣等。(三)信用及互相保險的金融事業等。

第一種事業是當初卽作爲森第開的目的的，但第二種卽所謂合作社事業，原來森第開本身不許經營，乃是另行組織合作社而經營的。後經一九〇一年的補正法發布，始許可自行經營。第三的信用事業也和第二種相同，自己不得經營，須另行組織信用合作社，卽前章所述依據一八九四年信用合作社法的規定。而森第開本身尙未取得法人人格，蓋因都市間的勞動者森第開，當作勞動工會而在政治運動上進展，因此森第開的法人化是不願意的罷。

大戰後的改正　此後到了歐洲大戰，戰後爲圖國內農業復興，覺得有鞏固合作社組織的必要，政府乃於一九二〇年五月十二日頒布改正法，附與農業森第開法人人格，更於同年八月五日發布「相互信用及農業合作社法」(Loi sur le Crédit mutuel et la Cooperation agricoles)，而認信用合作社及農業合作社各爲獨立物，但認許農業森第開爲其經營主體。於是此後法國的農業合作社，有以農業森第開爲根據的，有準據一九二〇年法而成立的。兩者實質上的差異，前者不分配事業盈益的紅利，而後者則採分紅制度。兩者現在數目難得正確數字，大概森第開約有一萬餘，農業合作社約有四千至五千，參加的農家社員共約二百萬人以上。

法國農村合作社現況　一、關於信用合作事業已如前述。一九三三年六月，共有鎮村金庫合作社六、一六二聯合於九八個縣金庫。

二、農業森第開因登記自由故難得正確數字，現在約有一萬餘，百五十萬以上的農家爲社員。其經濟的事業主要是共同販賣購買，但以家畜改良爲目的的森第開亦屬不少，約在二、四〇〇以上。此等森第開在各地方及縣設置聯合會（數約三百）更組織中央會（Union Centrale）於巴黎。

三、農業合作社（根據上述一九二〇年法者）也因不須登記，難得正確數字，現在約有四千至五千，其中二千爲酪農合作社，七百至八百爲利用合作社，五百爲地下倉庫，二百爲曬炕穀物合作社，五十榨油合作社，及其他少數的製粉合作社，及炕麵包合作社等。

四、法國在此等合作社之外，尚有頗具特色的農業相互保險合作社。此種合作社乃根據一九〇〇年七月四日所頒的法律而產生的，卽農業災害保險，火災保險，傷害保險，家畜保險及雹害保險等合作社，數約一萬一千左右，保險額據稱共逵三百六十億法郎。就中農業災害保險合作社

（約九千）及家畜保險合作社（約八千）較最發達，并爲保證其保險起見，組織有地方及中央聯合會作爲再保險機關。

第四節　俄國農業合作運動

革命前關於俄國的近世史及其農業狀態已於前述，茲特從略。

上述的歐洲農業恐慌，在俄國也發生了極大的影響。蓋因俄國在革命前爲歐洲農產物的大輸出國，故穀價的低落，給與俄國農民巨大的痛苦。於是政府乃於一八九七、八年制定農業合作社及農業小合作社的模範條例，企圖此等合作社的發展。農業合作社最初試辦的是一八六〇年căn苑爾縣及鴉洛斯羅縣等處創設的乾酪製造合作社，至一八七〇年，其數已達三十餘所。這些合作社皆是當時一般貴族青年，感觸於外國的合作運動，而擬傳之於俄國農民的，但還未成功，不久即告解散。嗣後因應付恐慌，如上所述合作社得到獎勵，於是一九〇五年以後，遂急速的發達。

俄國的農村合作社在形式上分爲三種。一種是原來的農業合作社，即經營農業用品的購買及生產物的加工，販賣的合作社。第二種是農業小合作社，兼營共同購買及販賣加工等。此種農業小合作社與日本的農事協社及法國的農業森第開同樣，原來目的在圖生產技術的改良進步，不在從事經濟的行爲，故不繳納股款，因此資金的融通等是困難的。第三種信用合作社是兼營的，已於上章詳述，即俄國的農村信用合作社，兼營購買販賣事業是它的特色，又有豐富資金，故在三者中能最實際的活動，尤其在穀物販賣上，大爲活躍。

信用合作社的數字已如前揭，茲不再贅，至農業合作社及農業小合作社，其發達趨向有如左

年次	一八九〇年	一九〇六年	一九一二年	一九一四年	一九一六年	一九一八年
農業小合作社	九九	五八四	三、五〇〇	四、六八五	六、五〇〇	—
農業合作社		（一九一一年）二七八	（一九一三年）九〇三	一、二五四	一、八二九	二、五〇〇

特殊合作社　在各種合作社之中最爲顯著發達的便是亞麻合作社及酪農合作社。蓋亞麻之在俄國，是數百年來久經栽培的作物，一九〇三——一四年其生產額平均占世界總生產額的百分之七六。亞麻合作社數一九一八年爲一五〇，有聯合會約六十，其中央聯合會幷在倫敦紐約等處設置支所，一九一七年度經辦額達五億盧布。

其次酪農合作社也大爲發達。在一九一七年革命之前，其數已達四、五〇〇。特別在西北利亞方面的運動爲著名。西北利亞最初的酪農合作社（牛油亞帖爾）一八九五年在波爾斯克縣設立，此後急激發展，至一九〇五年約增至三百社。一九〇七年組織西北利亞酪農合作社聯合會，幷在英美等國設置輸出販賣所。事業上頗得政府的援助，至一九一八年聯合會所有合作社數達二千社，結合農家凡五十六萬戶，以每戶五人計則爲三二五萬人，包含西部西北利亞牛油生產地方的人口的百分之四十二。

聯合運動　如前所述，信用合作社中央機關的莫斯科民衆銀行，附設購買部及農產物販賣部，也是兼營購買販賣事業的中央機關，但歐戰期中，合作社數增加，爲擴大其事業起見，乃由一九一八年的大會議決另行獨立設置各種農業合作社的中央聯合會。其已設者，主要的有果實蔬菜加工販賣聯合會馬鈴薯加工販賣聯合會，亞麻加工販賣聯合會，家禽及雞卵販賣聯合會，穀物販賣聯合會等的中央聯合會。關於購買合作社方面則組織全俄農業購買合作社中央聯合會，稱爲(Selskosojus)。

革命後一九一七年布爾雪維克革命發生，此等合作運動一時遭受嚴厲的彈壓。蓋在戰時共產主義時代，合作社也被認爲是養成及助長農民的個人主義思想的東西，因之而被彈壓，只有農業公課制(Commune)及國營農場得認爲社會主義的組織。即一九二〇年一月及四月頒布的法律，一則廢止信用合作社，再則在鎮村單位設立強制加入的消費合作社，所有合作事業都被強制加入此種消費合作社。不過，這般變革的實際的經驗結果是證明了要將從來處在個人主義思想中的農民馬上轉變到社會主義的組織是不可能的，倒是在過渡的階段中，利用合作社方爲適當。如是，迨及一九二一年採行新經濟政策，(即廢止原來農產物徵發制度而代以課一定的現物稅，此外剩餘生產物農民得自由售賣)各種農業合作運動乃得再度興起。據雷脫拿計算，當時以後的農業合作社發展數如次：

年次	合作社數	右指數
一九二〇	一二、八五〇	一〇〇
一九二二	二二、一六一	一七一
一九二四	三七、八七二	二九五
一九二六	六六、〇三七	五二〇
一九二七	七九、三四〇	六一四

又，以前各種聯合會也再事建立，并設立了總聯盟，即 Soyuz-Soyuzov，作為此等聯合會的連絡指導的中央總機關。各種聯合會都從事農產物的海外貿易，在倫敦、柏林、紐約、巴黎、里昂及上海等處設有派出所，與德、美、英、奧、捷克斯拉夫及瑞典等國作國際交易。其輸出品為乳酪品、雞卵、燻肉、豬肉、穀物、亞麻、毛皮、煙草、蜂蜜及果實等，輸入購買品主要是農業器具機械、化學肥料、種子及種畜等。而在穀物交易方面，與英國的 C·W·S 為特約交易已如前述。

柯爾霍芝　俄國農業合作社的特殊形態有所謂柯爾霍芝（Kolkhozi），即農業協同經營合作社。最初產生的是一八九〇年間劉維茨基（Lewitzki）在魯宋縣所設的共同耕作合作社，它具體的發展乃在革命以後，即蘇維埃政府為促進農民的協同化而加以援助，但顯著的發展則是一九二七——八年五年計劃實施後。

柯爾霍芝依它的共同化的程度，可別爲三種。一是共同耕作合作社（Kolkhozi），是最單純的形式。社員各自私有土地而爲共同耕作。二是農業亞帖爾（Artel），共同化的程度較深一層，生產及土地共有，實行共同生產，而收穫物則按照各社員提供的土地面積及勞動量爲比例按份分配，惜以各人營謀各各獨立家計。三是農業公社制（Commune），社員將所有家畜農具農舍等經營手段的全部提供於社內，作爲社的共同財產，生產及消費皆是共同行爲，爲共產主義極端的實行，是最終的理想形態。

柯爾霍芝的成績可在下表中看出（表四〇）。

表三九之一　俄國柯爾霍芝之發展

年次	一九二八	一九二九	一九三〇	一九三一
一、柯爾霍芝之數	三三、二五八	五七、〇四五	八五、九五〇	二一七、八〇〇
a. 共同耕作合作社	一九、五四六	三四、〇三二	一四、五二二	—

b. 農業亞帖耳	一一、三七四	一九、五三五	六二、〇〇六	—
c. 農業公社	一一、七四七	三、四七八	七、三四二	—
二、農家戶數	四一七千戶	一、〇〇八	六、〇〇〇	一三、五六三
三、柯爾霍芝之人口	一、九八三千人	四、六六三	二六、八六八	—
四、柯爾霍芝耕用面積	一、三九八千公頃	四、一八五	三四、八一六	八〇、一一九
五、馬匹數	九三千匹	二八四	三、四三八	—
六、牛隻數	六八千隻	一七三	一、三七八	—
七、共同化之比率				
a. 人口	一·六%	三·五	二一·〇	—
b. 戶數	一·七	三·九	一三·六	五五·一
c. 耕用面積	一·二	三·六	三〇·九	六三·六

表三九之二　一九二八年以降俄國耕地分配比率

年次	一九二八	一九二九	一九三〇	一九三一	一九三二	一九三三
國營農場	一・二%	一・六	三・六	七・五	一〇・〇	一〇・六
柯爾霍芝	一・一	三・五	二八・三	五九・一	七〇・〇	七四・〇
個人	九七・七	九四・九	六八・一	三三・四	二〇・〇	一五・四

第五節　丹麥農業合作運動

國情　丹麥國土面積不及朝鮮五分之一，但山地少，且多已開墾，其農地面積達三二三萬公頃(Hectare)。據一九三〇年人口調查全國有人口三五五萬人，其三五%爲農林漁業者，二九%爲工礦業者，一七%爲商業者。故每一農家所得耕地面積頗稱豐富。

不過十九世紀農業恐慌給與丹麥農民的打擊較之法國遠爲深刻。蓋丹麥當時內憂外患頻仍，一八六四年被普奧兩國奪去什列斯威(Schleswig)好斯登(Holstein)二州，在國內則貴族地主與商人互爭於三巴。然在一八七〇年間，丹麥主要產業是穀物生產，爲穀物對外輸出國。其重要顧客爲英國次爲德國，但因恐慌而造成的穀價低落，以丹麥如此小規模的生產究屬難於抵抗，且德國施行高率關稅，閉門不納。於是丹麥農民遇着了空前的困難。既不能求得救濟於政府，遂喪失了自己依存的產業。於是在這求生不得求死無門的苦悶中，豁然悟得的，便是自助的精神，「救自己者是自己的力」的自覺，和「失之於外者去得之於內」的決意。他們愛國的觀念濃厚，不願意離開自己的祖國，不忍心將小麥的沃野化爲草莽，喚起這種思惟這種精神的，便是葛朗德維僧入的國民高等學校，其具體的運動表現於下述三種。

恐慌對策　第一是一八八〇年劃期的由穀作農轉換爲畜產農的事實，第二是小農地設定運動，而第三就是農業合作運動。

當時汽船尙無冷藏設備，由遠地輸送肉類頗屬困難，故如表（三七）所示，畜產物價格的下落，在比率上尙少。於是他們企圖在畜產物上去奪回在穀物上已失掉的市場。但幷不是從事粗放的牧畜而是轉換於比較集約的畜產，在原來的小麥田中混和播種大麥和燕麥，增植根菜類植物用作屋內飼育的家畜飼料。此種經營的集約化，當然以中小自營農民爲本位，至一八九九年遂得頒布小農地設定的法律。

小農地畜產經營能夠從事到怎麼樣的集約，還有下面深有興趣的統計足資考察：（表四一）

表四〇　一九〇九年丹麥農家家畜飼育數（每公頃）

規模大小（公頃）	〇·五五——三·三	三·三——一五	一五——六〇	六〇——一二〇	一二〇——二四〇	二四〇以上	平均
馬	三一頭	二一	一六	一〇	八	七	一五
乳牛	九〇	五六	三六	二四	二五	二八	三八
豚	一三八	六六	四三	三三	一九	一七	四三
羊	三〇	二五	二四	一九	一三	七	二二
雞	三、一九八	五七七	二三六	九四	六四	四二	三二一

合作運動　小農是合作社的良好基礎，已如前章德國詳述。但因丹麥農民的目標在於以英格蘭為市場售賣畜產物以代替穀物，故必然地發生了畜產物的加工販賣合作社。

一八七五年加斯隆德村農民曾設有牛乳合作社，但默默即已消滅，嗣一八八二年遮特蘭

(Jutland)的海定村(Hjedding)，安德生氏(Stiller Anderson)倡設的乳酪合作社，是爲畜產物加工販賣合作社的創始。次則一八八七年設立最初的豚肉加工販賣合作社，一八九五年組織有全國雞卵輸出合作社，設總所於首都柯本哈徑，而於各地置集貨所。此三者即是丹麥農業販賣合作社的中心。復次一八九八年至一九〇一年時期中各地成立飼料購買合作社，至一九一五年設立種子販賣購買合作社，翌年設立肉畜輸出合作社及肥料購買合作社。并經於一九一四年在柯本哈徑設立丹麥合作銀行成爲一切合作社的金融機關。

現狀　丹麥的農業合作社在一九二五年間達到最高峯。據同年統計，乳酪合作社數一、三六二，社員一八五、〇〇〇人占全國乳牛飼育者之九四%，豚肉加工販賣合作社數四七，社員一七六、〇〇〇人占全國豚飼畜者之八〇%，而卵輸出合作社約有七〇〇集貨所，社員五萬人，全年輸出額在一千萬元以上。此三者之外參加各種農村合作社社員總計七〇萬人。雖其中有同時參加二種以上的合作社者，但幾乎所有的農民都參加合作社。又據一九三一年的調查所得數字如下：

	乳酪合作社	豚肉加工販賣合作社	雞卵輸出合作社	肉畜輸出合作社	飼料購買合作社	肥料購買合作社
參加各種合作社的農業者的比率	九四・一	六九・四	二一・五	一一・二	三一・二	二四・三
同上家畜的比率	九二・二	七五・四	二九・九	一七・六	（牛）三三・四 （豚）三五・一	（面積的）二八・八

然而，丹麥的合作社雖已如此偉大發達，但當着現恐慌仍然不免再度陷於嚴重的苦惱中。這就是丹麥唯一的顧客的英國也高築起了關稅壁壘，一九三二年以來，丹麥的畜產物也被徵收百分之十的入口稅。這加上一般價格的低落，便是二重打擊。對於生產物幾乎大部份依存於英國的丹麥農業，這是無可解除的苦惱。為此販賣統制生產限制都已實行了，可是在世界經濟沒有恢復的時期，是沒有復活的途徑的。據說現在產生了要求國家較深的保護和農民支付延期急進的農民團體。前途動向如何，正是一個嚴重的問題。

第六節　總括

以上，歐洲主要各國的農業合作運動已大致敍述過了。這裏，關於美國的尚有數語亟待一述。

美國　如第二章所述，美國的合作運動主要是農產物販賣合作社，幷像丹麥各種生產物合作社一樣的，是單營合作社。最初的運動，發生於十九世紀末，但顯著的發展乃在歐洲大戰以後。因美國在地理上，農工地帶分離，西部的農產物消費於遠在東部的都市工廠地帶，爲此，合作組織關於集貨輸送的關係上，需要極大的工作，嗣至歐洲大戰後，此種組織就尤其成爲必要。玆將其發達的大略表示如左：（表四一）

表四一　美洲合衆國農業者合作社

年次	合作社數	估計合作社員數	估計營業額
一九一四——一五	五、四二四	六五一千人	六三六百萬法郎
一九二四——二五	一〇、八〇五	二、七〇〇	二、四〇〇
一九三一——三二	一一、九〇〇	三、二〇〇	一、九二五
一九三二——三三	一一、〇〇〇	三、〇〇〇	一、三四〇

農業合作社的三形態　上述農業合作運動，其性質上可分爲三種：

第一，是農產物配給過程的分擔者，換言之，是圖謀農產物的商品化的所謂販賣合作社。爲減低生產費的原料共同購買和爲增加商品價值的加工，皆屬之。此種合作社在農業的資本主義化上頭是必要的，因此隨着資本主義而發展。在一般上，可認爲是本來的農業合作社。

第二，是參與農業的生產過程的，所謂農業共同經營合作社。這即是在俄國實行的所謂柯爾霍芝，但一八八〇年間意大利也曾發現過。當時意大利農村勞力缺乏；地主又難於自營，而他方面多有失業者，因此此等失業者組織起來領取一所農場從事共同耕作。這即是土地耕作合作社（Affittanze (Collective)），或稱爲承包耕作合作社。該運動初爲天主教徒創始，後來成爲社會主義者的農業運動。一九一四年其數已達二百餘，廣被意國全土，尤其北部爲多。嗣因歐戰勃發，同時失業者被吸收充當兵役，而戰後法西斯黨彈壓，遂漸歸消滅。

第三，這不是生產部面，乃是在消費生活上的所謂共濟合作，法國農業森第開多曾實現，它的現代的形式便是相互保險合作社。這多基於農民的部落的共同精神，而在恐慌與凶災的年成大大的發揮它的力量。

附錄　日本合作制度之沿革及其現況

第一節　合作法制定前之狀況

(一)德川時代的合作組織

在日本的合作制度史上，最早的合作組織即是德川時代的鄉藏、無盡、報德社等。但此等合作組織與近代的合作社並不相同，不過是一種類似合作社的東西。此等組織的成立，乃根據互助的原則以保障及發展平民的經濟爲目的，盛行於德川幕府時代。玆分述於次：

鄉藏　鄉藏制度卽常平倉、義倉、社倉等三倉的總稱，是一種合作的貯穀備荒制度。考三倉制度均發源於我國，常平倉爲李悝創設，義倉爲隋文帝臣下孫平所獻議，社倉則有種種，但所傳入日本者則是朱熹所創議的。日本在奈良朝代時，積極吸收中原文化，故三倉創度也跟着佛教思想及種種中國文化一同輸入東土。當時政府對於鄉藏制度頗爲重視，或供給建設倉庫的材料，或撥發基本米穀貯藏等種種獎勵方法。鄉藏貯穀方法沒有一定，大抵有由徵課以成立的（義倉）有按村民的身份捐募米穀的，如社倉貯穀則出自富戶的義捐。至於鄉藏的運用方法也不一致。在幕府領地的鄉藏，其貯穀貸借法是「日數三十日，一日分米男二合女一合麥男四合女二合雜穀男八合女四合」歸還期限不明。其在普通諸侯領地則「加一分或一分五釐利息，至秋冬之交新穀登場時歸還」要之，這種制度是因封建時代交通不便，米穀交易不自由的場合而成立的相互的備荒制度，至明治維新後，此種制度多已消滅。

無盡講及賴母子講　所謂無盡講及賴母子講（講，卽如我國之錢會及搖會之類，）其內容頗爲複雜，大概講員各醵出一定的講金，每次依一定的方法漸次取得此項講金者。原來講與賴母子發生的原因幷不相同，講乃發端於神社佛閣的祈願參拜，有所謂「伊勢講」「太太講」等名稱，後來漸次形成一種互相扶助的作用。而賴母子則有「憑子」「賴子」「憑母子」及「合力」等稱呼，是根據互助的目的而產生的。因時代變遷，此兩者的區別漸次模糊，一般稱之爲無盡講或賴母子講。當時的無盡，根據它的目的分類，則有以融通資金爲目的者，以貯蓄爲目的者，以鄰保羅災之救濟爲目的者……等等。此等講會完全是民衆自發的互助的制度。

報德社　報德社據說是與近代的信用合作社極近似的結社。創始的先覺者便是被稱爲日本合作之父的二宮尊德氏。所謂報德便是報答天地、人三才的德。蓋由天地之德而萬物育成，由王侯士大夫及農工商各階級各盡其能，人民生活始得安定。因此報答此種德，卽是報德的本義。而人人各就其本分，經營經濟報天地的德，卽是安定人類生活之途。在這裏，道德和經濟的調和產生。報德社就是基於這種觀念產生的。

最早的報德社於天保十四年間在小田原鎮成立，稱爲小田原報德社，此後遍設於各處。

五人組與十人組　此外尙有所謂五人組與十人組的制度，也盛行於德川時代，是一種救貧的慈善主義的合作組織。其思想據說是淵源於我國周末管仲的鄰伍軍旅制。

（二）自生的合作運動

日本自明治維新後，合作法頒布之前，其間所發生的合作運動可以分作兩類。一是由於維新以後的社會經濟情形所形成的自生的合作社，二即外國合作社的移植運動。

自生的合作社發生的基礎，便是因為維新革命的經過中農業資本主義化的強行，使農業部面發生了兩種變化；一是租稅金納制度的確立，一是生絲及茶的海外貿易急速發達。此兩種變化直接形成農業生產上重大的變動，使農業全機構整個動搖。於是因圖租稅金納制度圓滿進行的關係，發生了貯蓄合作社，其次在農業資本主義化的過程中，生絲及茶急激發達，販賣合作社遂應運產生。

貯蓄合作社　貯蓄合作社因發生的直接原因不同，故形式亦有種種。因廢止租稅物納制度施行金納制度後，政府為圖租稅收入的順利起見，獎勵人民自動貯金以作納稅的準備，於是產生了「納稅日掛講」「日溜錢合作社」「日積納稅合作社」……等組織，都是以納稅為目的的合作社。其次則因明治十五、六年間勤儉貯蓄的風氣盛極一時，遂多發生勤儉貯蓄的合作社。再則，因租稅金納制實施後，鄉藏制度幾全消滅，但報德社則隨著勤儉貯蓄的風氣而益形發展，而「講」則在各貯蓄合作社中多有傳承「講」的精神，并有仍襲用「講」的名稱。

販賣合作社。當時的販賣合作社有生絲、茶及其他各種，而生絲及茶的販賣合作社則爲其中主流。生絲販賣合作社的先驅是明治十一年設立的「碓冰社，」其次有明治十三年的「甘樂社，」再後有「下仁田社，」總稱爲「南三社，」爲生絲販賣合作社的代表組織。茶的販賣合作社之最早者，是明治十六年設立的「益集社。」其後倣照設立者頗多，並經結成聯合組織。這兩種合作社產生的目的，最重要是爲免除中間商人的漁利，和企圖生產的大量化，生產物品質的劃一精純，以適應歐美市場的要求。

此外，其他農產物的販賣合作社亦尚不少，其較著名的有「關本梨共算合作社」「愛知縣甘蔗販賣合作社」等，大都成立於明治二十年間。而同時農村原料購買合作社也已產生，其代表者爲神奈川縣的「同伸社。」

第二節　移植的合作運動與合作法之制定

移植的合作運動分爲二支，一是英國式消費合作社的移植運動，一是德國式合作社的移植運動，後者即日本現行合作制度的淵源。此外尚有保險合作社的移植運動，在日本合作運動史上也曾蓬勃一時，後因運動的本質漸形惡化，釀成重大的弊病，結果於明治十六年間卒遭政府取締，至今日已分化為各種保險公司，無盡會社等已脫離了純粹的合作運動的範圍，茲不細述。

（一）消費合作運動

移植的合作運動以消費合作運動發生最早。即明治十二年東京本所橫綱町開始設立「共立商社」。該社專供給社員的家庭日用品，股款每股定為二十圓，經營方法大致模倣英國的羅去戴爾式合作社，并兼辦理社員貯蓄事業。此後相繼成立的，有東京的同益社及大阪神戶的共立商店等，性質均大致相同。惟均於明治十五、六年間先後解散。日本初期消費合作運動至此即告一段落，直至明治三十年間始再度發展，而與勞動運動發生密切關係。但後因合作法制定，規定購買合作社為法定的合作組織，故今日的消費合作社乃成為法制以外的任意的合作組織。

消費合作運動最初的倡導者是誰，則以傳說不一，尚無定論。但其發生的背景則不外於（一）明治維新前後，西歐諸國的社會、經濟、政治諸思想急激輸入，消費合作思想亦被強有力的介紹頗予當時知識階級以刺戟：(一)因西南戰爭過後，物價騰貴，幣制紊亂，一般薪金生活者頗受窘迫，故當時的消費合作運動以公務員及公司職員爲主力(近代意義的勞動者尚未發生。)

(二)德國式的合作社移植運動

品川彌次郎與平田東助　日本現行法定的合作制度，乃以德國合作制度爲藍本。其提倡的中心人物卽品川彌次郎及平田東助二氏。兩氏曾於明治初年在德國留學，對於德國的合作運動有甚深的研究，因而深覺日本有樹立合作制度的必要。回國後遂從事鼓吹合作運動，同時對於日本原有的報德社亦加意研究及調查。明治二十四年，品川氏就任內務大臣，平田氏亦就任法制局長，兩氏乃着手制定合作法案，根據一八七一年德意志帝國產業及經濟合作社法爲藍本，而草成日本最早的合作法案「信用合作社法案」。

信用合作社法案　初於明治二十四年十一月提出於貴族院之帝國第二次議會，經兩次討論猶未通過，一時輿論對於該法案分成贊成與反對兩派，但議會旋因政爭關係遭致解散，該法案遂成爲懸案，不克成立。該法案內容大致採用許爾志式合作社原理。

該法雖未經通過，但因品川平田二氏之有力的提倡及獎勵，故民衆間亦漸發生反響，旋於明治二十五年八月乃最早產生靜岡縣掛川信用合作社，同年繼有見付町報德社聯合信用合作社，與洋信用合作社及三川信用合作社等設立。此後日漸普及，根據明治三十一年調查，合作社數爲一百四十四所，社員共達二萬一千六百五十四人。而同年除信用合作社外，他如原料購買合作社製產合作社，器具使用合作社及販賣合作社等亦多有設立，但都是任意的組織，幷沒有法律的根據。

(三)合作法之制定及變遷

合作法之成立　信用合作社法案流產後，品川平田二氏仍努力倡導，卒捲起蓬勃的合作社設立運動，民衆對於合作社的認識益加普遍，復因清日戰後國力正待充實，民間對合作社的需要頗形迫切，於是明治三十年二月，政府乃再度提出整個的「合作法案」於第十次議會。本法案乃參照一八八九年德國合作法所草成，範圍比較前此之信用合作社法案爲大，內容包括信用合作社，購買合作社，販賣合作社，製產合作社，及使用合作社五種。除製產合作社外，大體與現行的法定合作制度相似條文頗稱完備。該法案經政府及衆議院之努力，乃於明治三十三年二月正式通過，同年三月六日公布施行，日本合作制度的法律基礎遂告確立。

合作法改正案　合作法成立後，爲適應實際的需要，復經多次改正，乃完成現行的合作法規。其第一次改正案於明治三十九年施行，認許信用合作社得兼營別種事業，第二次改正案（明治四二年）認許設立聯合會及中央會；第三次改正案（大正六年）准予特設城市信用合作社，及信用合作聯合會與政府之特殊銀行結成密切連絡；第四次改正案（大正十年）准購買合作社及其聯合會得經營自己生產事業，又確定利用合作社名稱及認許聯合會構成範圍的擴張等；第五次改正案（大正十二年）制定合作中央金庫法；第六次改正案（大正十五年）認許利用合作社之員外利用制度，並免除住宅事業的地方稅；第七次改正案（昭和七年）規定除城市信用及購買合作社外，其餘各種合作社均應採取保證責任制及無限責任制，又認許信用合作社聯合會的貼現業務。至此，日本合作法遂益臻完備。

第三節　合作運動的現階段

（一）現況概觀

日本法制規定的合作社分為信用合作社，購買合作社，販賣合作社及利用合作社四種，但因兼營關係，遂產生有十五種合作社。合作社總數據最近調查報告（昭和九年）為一萬四千八百十五所，社員總數計達五、五一一、五二〇人，以農業者社員占最多數，股款總額計三二八、〇六七、二八九圓，平均每一合作社為二三、八三七圓，每一社員占五九圓五十三錢。茲表列如下，以見一般。

概況總表（摘要）（單位圓）

種目＼年次	明治四三年	大正十四年	昭和九年
合作社總數	七、三〇八	一四、五一七	一四、八一五

調查合作社數		四、九二三	一三、三二九	一三、七六三
合作社社員數	農業	四三七、九八八	二、六八六、三〇八	三、八五九、三九九
	林業	—	五、〇九二	一一、九三一
	工業	二一、五六四	一七四、二八七	二五六、〇四八
	商業	三四、二五七	三六六、二七六	六一四、〇六五
	水產	九、一〇六	六四、六九一	一一三、六五六
	其他	三一、五七〇	三三九、〇九四	六五六、四二一
	計	五三四、〇八五	三、九二五、七四八	五、五一一、五二〇
運轉資金	股款總額	—	二三〇、八七五、六一五	三三八、〇六七、二八九
	已繳股款	七、四七七、一九二	一四二、五八一、七四四	二五〇、七七六、六一三
	公積金	一、四〇七、九三八	六一、七一九、九四八	一三六、六四二、三七三
	借入金	三、二五八、七八〇	九〇、三九〇、四一一	二八八、四二〇、八九五
	合計（含貯金）	一九、三四八、七三四	九四九、五九三、六四八	一、九三五、七四五、〇八〇

信用事業	調查合作社數	三、八九二	一二、〇一六	—
	貯金	七、二〇四、八二四	六五四、九〇一、五四五	一、二五九、九〇五、一九九
	放款金	一一、九〇五、五七四	五三一、五九八、七二七	一、〇四五、七四九、七九五
販賣事業	調查合作社數	一、七三一	七、五九五	—
	販賣價額	一一、二七六、六七	二一六、〇一七、八六三	三五六、五九九、二二二
購買事業	調查合作社數	二、九三二	一〇、〇四一	—
	賣卻價額	七、四六一、一三〇	一六〇、五六三、九〇二	二〇二、四二三、六〇〇
利用事業	調查合作社數	—	四、〇六七	—
	利用費	—	三、九二七、五二二	七、五一六、一九九
剩餘金		—	一八、〇二一、五八四	一三、三一五、九七〇

(二)系統組織

合作社聯合會　聯合會制度成立於明治四十二年第二次合作法改正案。其種類與合作社同，共分十五種。據最近統計（昭和九年，）其數有如左表：

信聯	三四	販利聯	四	信販聯	—
販聯	一七	購利聯	—	信購聯	—
購聯	五	信販購聯	一二	信利聯	—
利聯	—	信販利聯	—	販購利聯	一七
販購聯	四七	信購利聯	—	信販購利聯	四
共計					一四一

若根據聯合會所佔區域的廣狹來區別，則其比率如次（昭和九年末）：

數府縣區域	府縣區域	數郡區域	郡區域	計
五	一〇二	一四	二一	一四一
三·六%	七一·六%	九·九%	一四·九%	一〇〇%

合作社中央諸機關　現存之合作中央機關爲：（一）合作社中央會（原名產業組合中央會），成立於明治四十三年，該會目的在圖全國合作社及合作社聯合會之普及發達及聯絡，以及擔負

合作社及其聯合會之設立獎勵，指導監查，調查優良合作社或功勞者之表彰，舉行全國合作大會及教育宣傳等事業。該會以合作社及合作社聯合會爲正會員，而贊同該旨趣之任何個人得爲贊助會員。(二)合作社中央金庫，其目的在調節信用合作社及其聯合會的資金之過與不足，爲全國最高的合作金融機關。(三)全國購買合作社聯合會，其目的在爲所屬聯合會及合作社買入物品，(加工或不加工)或自己生產該項物品賣給所屬之合作社及所屬聯合會。主要物品爲肥料，農具，種籽……及其他家庭日用品。昭和九年度之購買品賣卻額爲七三、六七五、二八五、八四〇圓。(四)全國米穀販賣購買合作社聯合會，爲所屬會員之販賣物加工或不加工販賣之，又或買入政府官米轉賣給所屬會員。又同時經營聯合農業倉庫。昭和十年十月統計，其販賣額爲一〇二、九四一、六四八圓，購買額爲一二、九九五、九一三圓。(五)大日本生絲販賣合作社聯合會，以受所屬會員之委托，販賣其生產之生絲爲目的。昭和九年度之販賣金額爲二六、〇八九、七〇三圓。(六)全國合作社製絲合作聯合會，該會在謀各製絲合作社之互相聯絡爲目的，幷辦理合作製絲之指導獎勵，研究，調查統一絲價及調停爭議諸工作。(七)日本柑橘販賣合作社聯合會，受所屬會員之委託，辦理所生產之柑橘之海外輸出爲目的，昭和九年度販賣金額爲三七〇、二一七、五二〇圓。

（三）合作社擴充五年計劃

近年來日本農村間遭遇不景氣之襲來，政府爲謀救濟起見實施新農業政策，着重於民衆的「自力更生，」而合作社乃成爲新農業政策的遂行機關，擔負着重要的任務。同時，在去時間中，合作界本身的質與量仍然痛感薄弱。於是，爲企圖完成前者的任務及彌補後者的缺限起見，遂於昭和七年之第二十八次全國合作大會中決議樹立「合作社擴充五年計劃」案。該計劃定自昭和八年一月實行，昭和十二年末止五年間完成。其目標爲：

一、尚未設立合作社之町村，應於五年內完全設立四種兼營的合作社。

二、使全部農業者皆加入合作社。

三、農村合作社全部爲四種兼營的合作社。

四、合作社充分利用系統機關。

五、農村合作社之有限責任制均改爲保證責任制。

六、合作教育期徹底普及於農村。

預計計劃完成時，合作社及社員數目與當時現況之比率有如左表：

	合作社數	社員數
昭和六年	一四、一六三	四、八三四、九二三
完成年度末	一六、五四〇	七、七〇四、〇三〇
計增加	二、三七七	二、八六九、一〇七

而漁村間（漁村合作社及製絲合作社除外）則預定新設二百十七所四種兼營合作社，製絲合作社則企圖於五年內新設一萬二千二百五十釜。

（四）反合作運動與合作社的政治進出

合作運動發展到了相當高度，結果必然地會引起反合作運動的發生，這是泛世界同樣的現像。日本的合作運動正在蓬勃進行，於是便也惹起了一般中小商業者的反合作高潮。距今十五年前，反合作運動已開始萌芽，自昭和四年後，勢力日漸膨脹。最初乃一般肥料商及米穀商為反合作運動的導火線，漸已擴充至雜貨、文房具、零賣、販酒、醬油、製絲的商業者、以及醫師會、理髮業公會，商工會議所、諸團體。最近復由商工界九團體組織「全日本商權擁護大同盟」，形成雄厚的反合作營陣。他們最大的目標是請求政府撤廢國家給予合作社的補助金及免稅種種特典。因此，合作界對之便也發生了自衛的反抗運動，由合作社中央會及全國合作社青年聯盟兩團體領導積極應戰。幷在第六十七次議會（昭和九、十年）中，關於米穀自治管理法案及產繭處理法案的論爭，兩派議員形成短兵肉搏的形勢，鬬爭已到了白熱化的時期。

本章關係參考文獻

東浦庄治著：日本產業組合史
產業組合中央會：日本產業組合史
山崎勉治著：日本消費組合運動史
奧谷松治著：日本消費組合史
小平權一著：產業組合論

敬啟

『民國專題史』叢書，乃民國時期出版的著名學者、專家在某一專題領域的學術成果。所收圖書絶大部分著作權已進入公有領域，但仍有極少圖書著作權還在保護期内，需按相關要求支付著作權人或繼承人報酬。因未能全部聯系到相關著作權人，請見到此説明者及時與河南人民出版社聯系。

聯系人 楊光
聯系電話 0371-65788063
2016年3月28日